DRYAS

Daniel Oliver Bachmann

Hamburger, Hollywood & Highways

Abenteuer Alltag in den USA

Erzählungen

Dryas Verlag

Bibliografische Information der Deutschen
Bibliothek:
Die Deutsche Bibliothek verzeichnet diese Publi-
kation in der Deutschen Nationalbiografie, detail-
lierte bibliografische Daten sind im Internet über
http://dnb.ddb.de abrufbar

1. Auflage 2009

© Dryas Verlag, Text und Bilder
Herausgeber: Dryas Verlag, Mannheim
Umschlaggestaltung: Rosa Segerer, Segerer Design
Herstellung: Gabriel A. Neumann, Heidelberg
Druck: Strauß GmbH, Mörlenbach
Lektorat: Sandra Thoms

ISBN: 978-3-9408550-2-2
www.dryas.de

Für Beate, die weiß, wie man mit einem Nomaden
umgeht.

Daniel Oliver Bachmann:
Hamburger, Hollywood & Highways
Abenteuer Alltag in den USA

INHALT

Vorwort 9

Du musst dir dein Frühstück verdienen 13

Unabhängigkeitstag 33

Schnee im Juli 59

Land der Cowboys und Bigamisten 65

Vom Barkeeper vollzogene Ehen verlieren zum
    Morgengrauen automatisch ihre
    Wirksamkeit 79

Das Gomorrah der Prärie 113

Hauptsache, d' Ranza spannt 129

Als die Deutschen Amerikas Araber waren . . .137

Von Windmühlen und neuer Hoffnung 161

Der Amerikanische Traum im Land der
    Pilgerväter 181

Kirschtortengeheimnisse 203

Die Macht des Wandels 211

Anhang
Karte: USA mit Reisestrecke 215

Vorwort

Amerika ist das Land, das jeder von uns kennt. Denn wir haben die „Straßen von San Francisco" gesehen. Wir waren in Florida mit „Miami Vice", in Los Angeles mit „L.A. Confidential", und New York ist ohnehin die am meisten gefilmte Stadt der Welt. Über 100 Filme werden dort gedreht – pro Tag! So erging es mir kaum anders als vielen Menschen: Während ich meine Jugend in der tiefsten Provinz verbrachte, lockte da draußen Amerika mit sehnsuchtsvollen Bildern. Ganz klar, dachte ich, da muss ich hin. Aus diesem Wunsch wurde eine Leidenschaft, aus der Leidenschaft eine Passion. Seither ziehe ich kreuz und quer durch die Staaten, lebte immer wieder für längere Zeiten in San Francisco, Los Angeles, New York, Boston oder Denver. Mehr und mehr zog es mich auch hinaus aufs Land, in das sogenannte „Small Town America". Dort fand ich Landstriche, die abgeschiedener sind als die einsamsten Gegenden Europas, Asiens oder Australiens. Dort fand ich das eigentliche Amerika, wo der Alltag nach ganz eigenen Regeln abläuft. Und dort entstand die Idee, einmal den Kontinent „auf einen Rutsch" zu durchqueren – um den Gegensatz des Lebens in Städten, Städtchen und Dörfern im vollen Umfang zu erfahren. Das habe ich gemacht, im wahrsten Sinne des Wortes, und legte dabei über 6000 Kilometer zurück. Nie zuvor erlebte ich das „Abenteuer Alltag in den USA" intensiver: Ganz wie das Land – gewaltig und weit.

I
IM WESTEN

Du musst dir dein Frühstück verdienen

Ich hörte sie, bevor ich sie sah, es wäre also Zeit gewesen, umzudrehen. Doch sagte nicht schon Albert Einstein, er habe keine besondere Begabung, sondern sei nur leidenschaftlich neugierig? Das trifft auch auf mich zu. Mit leidenschaftlicher Neugier kann man sich in Los Angeles aber schnell eine blutige Nase holen. Doch zum lange Überlegen blieb keine Zeit mehr, ich stand den Jungs schon gegenüber: Eine halbe Kompanie Weiße, Schwarze, Hispanos, Asiaten, gekleidet in schwarze Kung-Fu-Hosen und schneeweiße T-Shirts. In der Regel – das war Lektion Nummer Eins, seit ich meine Unterkunft in West Hollywood bezogen hatte – ist der Nationenmix unter den Gangs verpönt. Die Mexikaner bleiben unter sich, die Puertoricaner bleiben unter sich, die Chinesen, die Afroamerikaner – in diesem Teil von Los Angeles ist die Idee vom *Melting Pot* der amerikanischen Nation nicht angekommen.

Die Gang stoppte wie ein Mann. Das muss ja aussehen, dachte ich, ein Schwarzwälder gegen 50 Typen, von denen jeder ein Bizeps hat so dick wie mein Oberschenkel. Ihr Anführer herrschte mich an. Was er sagte, und wie er es sagte, war im Englischunterricht nicht vorgekommen. Aber ich verstand „in the hood" und „doing there?", also gab ich Auskunft, dass ich zu Besuch bei meinen Freund Jonas war, der da drüben wohnte, keine zwei Minuten von hier. Mein Akzent tat das übrige.

„You're from Germany?", fragte der Anführer, und war auf einmal ganz relaxt. Ich bestätigte, *yes, yes, from Germany, from the Black Forest*, denn das finden Amerikaner immer ganz dufte. *Black Forest, Black Forest Cake*, davon hat jeder schon gehört. Das war auch in *Gangland* Los Angeles nicht anders. Der Anführer machte mich darauf aufmerksam, dass ich es ihm zu melden habe, sollten sich fremde Drogendealer rumtreiben, dann zogen die Jungs weiter. Ich atmete durch. Heiß war es heute, verdammt heiß, aber das war wohl nicht der einzige Grund, weshalb ich schweißgebadet war. Den Rest des Wegs legte ich im Laufschritt zurück. Zweimal hörte ich Schüsse, einmal kreischte eine Frau, dann erreichte ich Jonas' Haus. Es lag hinter hohen Mauern und wurde von Kameras überwacht. Solche Festungen kenne ich aus Vororten afrikanischer Städte, wo reiche Weiße wohnen, die ihr Vermögen gegen Leute verteidigen müssen, die nichts haben. Mein Freund Jonas ist zwar ebenfalls weiß, aber gewiss nicht reich. Und wenn auch West Hollywood wenig mit seinem protzigen Nachbarn Beverly Hills gemeinsam hat, ist es doch kein Ghetto. Der Hollywood Boulevard mit dem berühmten *Walk of Fame* ist nur ein Katzensprung entfernt, und mitunter verirrt sich sogar ein Tourist hierher. Nein, West Hollywood ist ein normales Wohnviertel, das zwar die besten Zeiten lange hinter sich hat, aber mal ehrlich, gehts uns nicht allen so? Wenn durch ein normales Viertel von Los Angeles regelmäßig Schüsse peitschen, die nicht von einem Filmset kommen, wer braucht dann noch Kino? Seit den letzten großen Unruhen in der Stadt, unter dem Namen *Rodney King Riots* weltweit bekannt geworden, waren einige Jährchen ins Land gezogen, doch der Vulkan brodelte noch immer. Damals wurden vier Polizisten, die den Afroamerikaner Rodney King misshandelt hatten, was auf Videofilm festgehalten worden war, von einem Gericht freigesprochen. Die Empörung unter der nichtweißen Bevölkerung hatte bürgerkriegsähnliche Folgen. Am Ende waren 53 Tote zu beklagen, einige tausend Verletzte, und Sachschäden in einer Höhe von einer Milliarde Dollar.

Jonas lachte nur, als ich ihm von meinen neuen Kumpels erzählte. Er arbeitete als Dozent für E-Gitarre am *Musician Institut*, und als wir uns in einer Künstlerkolonie in Australien kennenlernten, sagte er ganz nebenbei, wenn du mal in L.A. bist, schau vorbei.
Ein paar Monate später stand ich vor seiner Tür.
„Ist 'ne besondere Truppe", sagt er, und reichte mir ein Beruhigungsbier. „Besteht aus ehemaligen Mitgliedern anderer Gangs. Deshalb ist sie gemischt. Die Leute treten für den Frieden ein."
Ich verschluckte mich.
„So ähnlich wie Blauhelme", sagte Jonas. „Nein, der Vergleich hinkt. Die Gang hat ihre Waffen abgegeben. Freiwillig."
Das will was heißen in Amerika. Erst kürzlich bestätigte der Oberste Gerichtshof das Recht aller Bürger auf den Besitz von Waffen. So kommen auf 100 Amerikaner 90 Waffen, was 30000 Menschen pro Jahr das Leben kostet. Ein unbewaffnetes Gangmitglied in LA ist wie ein Taucher ohne Sauerstoffflasche. Da kann einem schnell die Luft ausgehen.
„Weshalb?", fragte ich.
„Sie wollen ein Zeichen setzen", antwortete Jonas.
Weil auch die Stadtverwaltung Zeichen setzte. Mit millionenschwerer Unterstützung soll das *L.A. Bridges Anti-Gang-Program* junge Leute von der Straße holen. Grund ist, dass Gangverbrechen in den letzten Jahrzehnten zur Epidemie wurden. Wer zwischen 30 und 35 Jahre ist und männlich, hat statistisch gesehen schlechte Überlebenschancen. 80 Prozent aller Mordopfer entsprechen diesem Profil. Zum Glück hatte ich schon ein paar Jährchen mehr auf dem Buckel. Die Statistik sprach für mich, die Neugierde weniger.

„Ich würde gern mal mit denen um die Ecken ziehen", sagte ich. „Meinst du, das lässt sich arrangieren?"

Nach einem kurzen *nap* – dem kalifornischen Äquivalent zur *siesta* – begleitete ich Jonas zum Tempel der Rockmusik. Das *Musician Institute MI* öffnete seine Pforten in den späten 70er-Jahren. Wer in diesem Business eine große Nase werden wollte, konnte hier Gitarre, Bass, Keyboard, Schlagzeug oder Gesang studieren. Es gab sogar einen Gitarren-Reparatur-Studiengang, obwohl mir Jonas versicherte, dass die Zeiten, als Leute wie Pete Townsend von The Who nach jedem Konzert ihr Instrument zertrümmerten, eigentlich vorbei waren.

„Eigentlich vorbei" heißt, Spaß macht's aber noch immer. Und dann ist es gut zu wissen, wie man das Ding wieder zusammenschraubt.

Der Rocktempel lag am Hollywood Boulevard. Um dorthin zu kommen, mussten wir an einem nicht weniger erfolgreichen Tempel vorbei, der *Church of Scientology Mission of Melrose*.

Schnieke, schnieke, dachte ich, L. Ron Hubbards Hollywood-Residenz. Musste wohl sein, wenn man prominente Schauspieler wie Tom Cruise und John Travolta in den eigenen Reihen begrüßen konnte.

„Jedes Mal quatschen mich die Schlümpfe an, ob ich ihren bescheuerten Test machen will", schimpfte Jonas, und ließ keinen Zweifel daran, was er von den Scientologen hielt.

„Die sehen halt, dass Gitarrenzertrümmerer wie du Beistand benötigen", antwortete ich. „Da ist zuviel Dampf unterm Deckel."

Jonas grinste. Dampf unterm Deckel ist eine Notwendigkeit für jemand, der in der *Hall of Fame* ankommen möchte. Wie viele Amerikaner glaubte auch mein Freund felsenfest an seinen Erfolg. Der Job als

Dozent und die zahlreichen Bandprojekte waren lediglich das Sprungbrett dafür.

Wir schlenderten am Scientologytempel vorbei, und ein junger Mann fragte höflich, ob wir reinkommen wollten.

Wir wollten nicht. Wir sagten, dass wir lieber Gitarren zertrümmern. Das Gesicht des jungen Mann blieb unbewegt. Er wandte sich dem nächsten Passanten zu.

„Roboter!", zischte Jonas. „Glaubst du, die Anmache hat Erfolg?"

„Scientology behauptet, sie haben 8 Millionen Mitglieder in Amerika", antwortete ich.

Doch eine Untersuchung der *City University of New York* war zu einem ganz anderen Ergebnis gekommen. Danach waren es bloß 55000.

„Aber denk mal nach", fuhr ich fort. „Wie viele Gitarrenspieler gibt es auf der Welt, und wie viel Lärm machen die?"

Jonas boxte mich in die Seite. „Man sollte sich nie mit Schriftstellern anfreunden", sagt er. „Die drehen einem ständig das Wort im Mund rum. Ich werde dir zeigen, was Lärm machen bedeutet."

Sollte ich in meinem nächsten Leben als Stromgitarrenspieler reinkarniert werden, will ich auch am *MI* studieren. Jonas führte mich durch die Tonstudios, das Filmstudio für Musikvideos, die Übungskabinen, in denen Studenten mit Kopfhörern auf den Ohren ungestört von lärmempfindlichen Nachbarn üben konnten. Natürlich warfen wir auch einen Blick ins Gitarrenkrankenhaus. Dort arbeitete Joe Alonzo, und als ich ihn fragte, ob er immer gut zu tun habe, lachte er.

„Wir reparieren nicht nur, wir bauen *customized guitars*. Spezialanfertigungen. Die meisten lieben ihr

Instrument zu sehr, um es kaputtzuschlagen. Zertrümmern ist schwer aus der Mode gekommen."
Hatte Jonas also Recht gehabt. Nachdem er mir mit seiner Klasse noch eine Nachhilfestunde in Sachen Lärm gegeben hatte, überließ ich ihn seinem 120-Dezibel-Job. Mich zog es dahin, wo seit Jahr und Tag die starken Männer ihren Bizeps spielen lassen: An den Strand.

Los Angeles liegt am Meer, doch mitunter kann man das vergessen. Man kann das sogar sehr gut vergessen, weil Tag für Tag eine Smogglocke über der Stadt hängt. Eigentlich trägt die russische Industriestadt Dserschinsk den Titel der am meisten verschmutzten Metropole der Welt, aber meine Lungen waren anderer Meinung. An Smogtagen gibt es in LA nur eine Devise: Man setzt sich wie viele der knapp 18 Millionen Einwohner ins Auto – gerne einen Hummer, der mit 30 Litern Spritverbrauch auf 100 Kilometer bei 470 Gramm CO_2-Ausstoß seinen Beitrag zur grauen Suppe leistet – und kachelt runter zum Strand. Bevorzugt nach Muscle Beach, ein Viertel südlich von Santa Monica. Dort bläst meist ein ordentlicher Wind, und der Smog hat keine Chance. Deshalb konnte man in den guten alten Zeiten Arnold Schwarzenegger beobachten, wie er aus dem Gold's Gym kam. Hatte man richtig Glück, war er sogar in einem der Käfige am Strand zu bewundern. Die ähneln Raubtierzwingern im Zoo, und die Kerle darin pressen so schwere Hanteln in die Höhe, dass mir allein vom Zusehen die Lendenwirbel weh taten. Sicher werden diese Muskelprotze von den Scientologyleuten nie zum Verhaltenstest gebeten. Ich schaute eine Weile zu, und weil auch Maulaffen feilhalten Kalorien verbraucht, ging ich rüber zum *Muscle Beach Café*. Dort bestellte ich *the choice of the day*: Das Tages-Angebot war ein Chicken Salad Wrap mit dick Cream Cheese darauf. 1000 Kalorien pro Biss, aber es schmeckte. Arnie pflegte ja zu sagen, „man muss sich sein Frühstück verdienen". Ich war der Meinung, beim Zusehen hatte ich das getan, wenn auch nicht in seinem Sinne.

Wird aus mir halt kein Governator.

An Schwarzenegger ist ohnehin nicht vorbeizukommen. Er ist omnipräsent im *Golden State*: Als millionenschwerer Immobilienunternehmer. Als erfolgreichster Schauspieler der 80er und 90er-Jahre. Als Republikanermitglied im demokratischen Kennedy-Clan – seine Ehefrau Maria Shriver ist die Nichte von John F. Kennedy. Und als Gouverneur in der zweiten Amtszeit. Keine schlechte Karriere für einen, der in seiner österreichischen Heimatstadt Thal nicht über den Hauptschulabschluss hinaus kam. Wie kein Zweiter verkörpert Arnie den *American Dream*. Du kommst als armer Schlucker. Du legst deine Vergangenheit ab. Du kannst alles erreichen. Voraussetzung dafür sind harte Arbeit und Disziplin. Eben nach dem Motto „du musst dir dein Frühstück verdienen". Das hat er zweifelsohne getan, auch wenn die politische Arbeit des fünffachen Mr. Universum und siebenfachen Mister Olympia unterschiedlich bewertet wird. Seine Ansichten zur Einwanderungsproblematik – die nirgends so groß ist wie in Kalifornien –, zur Todesstrafe und zur gleichgeschlechtlichen Ehe gleichen denen eines strammen Rechten. Sein Durchsetzungsvermögen in der Umweltpolitik dagegen lässt so manchen Grünen blass aussehen. Diese scheinbaren Gegensätze sind typisch für Amerika: Schubladendenken ist etwas für Verlierer. Gewinner machen, was sie für richtig halten. Das gesetzlich abgesicherte umweltpolitische Ziel Schwarzeneggers kann sich jedenfalls sehen lassen: Bis zum Jahr 2050 dürfen in Kalifornien

Treibhausemissionen nur 20 Prozent von denen im Jahr 1990 betragen. Also werde ich 2050 wieder in die Stadt der Engel kommen, mich als 85-jähriger unter die Hanteln am *Muscle Beach* wagen, um mir unter blauem, treibhausgasfreiem Himmel das Frühstück zu verdienen.

Mein Traum von Amerika begann, als ich zwölf Jahre alt war. Damals existierten bei uns im Schwarzwald eine Handvoll weit verstreuter Kinos. So wurde ich zum begeisterten Tramper. Es gab nichts Schöneres, als in finsterer Nacht zur Spätvorstellung ins KKK-Filmtheater nach Oberndorf am Neckar zu trampen oder zum *Double-Feature* ins Spaichinger Kino, wo zwischen den Filmen zwei betagte Damen Rote Würste neben der Kasse kochten. Dort sah ich „Der Weiße Hai", „Krieg der Sterne", „Superman" und „Convoy" von Sam Peckinpah. Darin wird Trucker Martin Penwald auf einem einsamen Highway vom korrupten Sheriff Lyle Wallace in eine Radarfalle gelockt, was er sich aber nicht gefallen lässt. Andere Trucker solidarisieren sich und bilden einen Konvoi. Es kommt zu jeder Menge Verfolgungsjagden und Explosionen, und für mich war klar, Convoy war der Film des Jahrhunderts. Erstens war mein Papa Trucker, zweitens frönte Penwald wie ich dem CB-Funk, wo er unter dem Code-Namen „Rubber Duck", also Gummiente, bekannt war, während ich unter „Delta 7", dem Raumschiff aus den Romanen von Mark Brandis, die Frequenzen beglückte. Noch verführerischer war der Anblick der Highways, die in Convoy und in Hunderten anderer Filme immer direkt in die Freiheit zu führen schienen. Ich konnte an nichts anderes mehr denken, als selbst auf ihnen zu fahren. Außerdem schien auch Filmemachen keine schlechte Idee zu sein.

Mittlerweile tue ich beides: Ich drehe Filme, und kurve noch immer auf endlosen Highways herum. Das Kino hat bei mir seinen Erziehungsauftrag voll und ganz erfüllt. Wenn ich also schon in L.A. war, musste ein Abstecher nach Hollywood drin sein. Durch meinem *Chicken Salad Wrap* mit *Cream Cheese* gut gerüstet machte ich mich auf zum Ort, wo Lebensträume kleiner Schwarzwaldbuben geschaffen wurden.

L.A. ist die Stadt der breiten Straßen, mit sechs bis acht Spuren in eine Richtung, davon mindestens fünf ständig verstopft. Ich brauchte eine halbe Ewigkeit, bis ich auf den Parkplatz der Universal Studios kurvte. Danach harrte ich mit ein paar Hundert anderer Leute zwei Stunden bei brütender Hitze vor dem Eingang aus, um mich im Anschluss durch die Kulissen einiger Universal-Hits wie Backdraft und Jurassic Park zu quetschen. Ein paar Mal wurde ich kräftig durchgeschüttelt – Hallo! Special Effects! – ein paar Mal knallte und schepperte es, aber immer so, dass Kinder keine Angst haben mussten. Ein paar Mal traten mir übergewichtige Zeitgenossen auf die Füße. Dann war's auch schon vorbei, und wir wurden nach draußen komplimentiert. Dort stiegen alle in Wägelchen, klapprigen Pferdekutschen nicht unähnlich, und weiter gings. Früher wurden auf dem Gelände ja noch Filme gedreht, aber diese Zeiten sind passé. Hollywood-Filme kommen nicht mehr aus Hollywood, sondern aus Kanada, Osteuropa oder Australien. Das soll Kosten minimieren, auch wenn der Eindruck entsteht, dass Geld sparen nichts mit dem *American Way of Filmmaking* zu tun hat. Für einmal Titanic – Kostenpunkt 95 Millionen Dollar – könnte die ARD 54 Tatorte drehen. Doch wer will schon 54 Tatorte sehen, wenn Leonardo DiCaprio und Kate Winslet das Liebespaar geben. Für erfolgreiche Geschichten hatte Hollywood jedenfalls immer einen guten Riecher, und den Besten von allen hatte Carl Laemmle aus dem oberschwäbischen Laupheim. Der Sohn eines jüdischen Viehhändlers wanderte 1884 im Alter von 17 Jahren in die USA aus und gründete dort die Filmfirma *Universal Pictures*. Damals drehte man Filme nicht im Studio, sondern an der frischen Luft. Dabei war man auf zwei Sachen angewiesen: Viel Licht. Und wenig Regen. Mit beidem konnte das verschlafene Küstenstädtchen Los Angeles dienen, und bei Carl Laemmle fiel als Erster der Groschen. Seine *Universal Pictures* waren das Studio Nummer Eins am Platze. Das Zweite hieß *United Artists*, welches kurze Zeit später von einem gewissen Charlie Chaplin gegründet wurde. Der Rest ist Geschichte. Hollywood-Kinofilme, Fernsehfilme, Serien und Sitcoms wurden zum größten Exportschlager der USA, mit einem höherem Umsatz als der der Waffenindustrie. Und das will was heißen. Ich finde, es wäre keine schlechte Idee, Carl Laemmle, dem Erfinder Hollywoods, zum Gedenken einige schwäbische Brezelstände auf das Universal-Gelände zu stellen, anstatt die ewiggleichen Hot-Dog-Buden.

Das Wägelchen zuckelte weiter. Auf einem Hügel entdeckte ich ein einsames Haus, das traurig auf uns herabschaute. Ich stieg aus, näherte mich mit Ehrfurcht. Es war die Kulisse des Hitchcock-Klassikers „Psycho", das Haus von Norman Bates. Ich erinnerte mich, als ich den Film zum ersten Mal während einer Nachtvorstellung im Freiburger Programmkino sah. Danach trampte ich vor Angst schlotternd durch den halben Schwarzwald nach Hause. Jetzt sah das Bates-Haus aus, als schäme es sich, mit den bunten Kulissen von Shrek oder Terminator konkurrieren zu müssen. Ich flüsterte ihm zu, dass es den Pepsi-Test nicht zu fürchten brauche, dabei wussten wir beide, was für ein schlechter Lügner ich war. Heute diktieren am Reißbrett geplante Blockbuster das Hollywoodprogramm. Die müssen nach den Regeln der Globalisierung im letzten Zipfel des Kongo ebenso funktionieren wie auf den höchsten Bergen Kasachstans. Für intelligente Filme ist da kein Platz mehr.

Aus dem „Um-die-Ecken-ziehen" mit der Friedensgang wurde nichts. Jonas hatte einen Auftritt mit seiner *money band*[1] in Las Vegas, und bat um Beistand.
„Klar", sage ich. „Aber Zocken ist nicht."
Schließlich hatte ich Mario Puzos Roman „Narren sterben" gelesen. Und „Casino" gesehen, den Film von Martin Scorsese. Daher fühlte ich mich gewappnet gegen alle schmutzigen Tricks der Spielhöllenindustrie.
„Meine Devise", tönte ich, „die Kohle bleibt in der Tasche."
Guter Vorsatz, ohne Frage. Doch sagt nicht schon mein irisches Lieblingssprichwort: „Der Mensch plant. Gott lacht."

Gott lachte seit zwei Stunden und 50 Minuten. Vor drei Stunden waren wir in Las Vegas angekommen, seit zwei Stunden und 50 Minuten saß ich im Hotel-Casino *Flamingo* am Einarmigen Banditen. Ich hatte keine Ahnung, wann ich den Hebel ziehen

musste, aber das war mir egal. Alles war mir egal. Ich war dem Glücksspiel verfallen, vom Augenblick an, als ich das Casino betreten hatte. Was im Saal der Einarmigen Banditen zu hören
war, klang nach echtem Reichtum. Ein endloses Rauschen von Geld, und Jubel auf amerikanische Art,

---

1   *Money Band: Eine Musikgruppe, die nur für eines gut ist –*
     zum Geld scheffeln.

also so, dass jeder es mitkriegt. Das schaffte den Eindruck, dass Gewinnen am Einarmigen Banditen ein Kinderspiel war.

So etwas nennt man *Priming*.

Priming ist ein Begriff aus der Neurophysiologie, der nachweist, wie leicht unser Gehirn auszutricksen ist. Der New Yorker Journalist Malcolm Gladwell schrieb dazu ein Buch mit dem Titel *„Blink – The Power of Thinking without Thinking"*, das hatte ich gleich zweimal gelesen. Darin kann man lernen, woran es liegt, dass Menschen unter Zeitdruck keine sinnvolle Entscheidung mehr treffen können. Nach der Lektüre nahm ich mir vor, mich niemals dem Diktat der Uhr zu beugen, denn darin liegt der Hauptgrund menschlicher Fehlentscheidungen. Leider vergaß ich alle Vorsätze vor dem Einarmigen Banditen, als schon wieder eine Kirsche in zwei Displays erschien, während ich hektisch den Hebel ziehen musste, um im anderen Display die wirbelnden Kombinationen Glocke-Orange-Sieben-Kirsche im alles entscheidenden Moment zu stoppen.

„Kirsche, Kirsche, Kirsche", rief ich, „wenn es einen Gott gibt, dann Kirsche!" Es machte Bling, im Display erschien – eine Glocke.

Glocke! Scheibenkleister!

Meine Finger fummelten nach Kleingeld, das ich völlig *geprimt* in den Apparat stopfte. Kirsche-Orange-Glocke und Sieben begannen erneut ihr höhnisches Spiel, als ich eine Stimme vernahm.

„Meine Devise", sagte sie, „die Kohle bleibt in der Tasche."

Es war Jonas. Er legte eine Hand aufs Display, so dass ich nicht erkennen konnte, ob Kirsche, Glocke, Orange oder Sieben mich jubeln oder fluchen lassen würden. Um mich herum rauschten die Dollars, die Gewinn vorgaukelten, aber nur Verlierer produzierten.

„He!", protestierte ich. „Du bist nicht durchsichtig!"
Jonas lachte. „Hören Sie das, Mr. Anderson?", fragte
er. „Das ist das Geräusch des Unvermeidlichen."
In Krisensituationen zitierte mein Freund gerne aus
dem Film „Matrix". Er zog mich vom Hocker. „Komm
mit, Champ", sagt er. „Ich zeig dir was."
Ich folgte ihm unter Protest. Das Flamingo hat 3626
Zimmer, sein Casino die Fläche eines Fußballfeldes,
der Einarmige-Banditen-Saal über 800 Spielgeräte,
und eines davon spuckte gerade ein paar Dollars aus,
aber keiner saß mehr davor. Denn Jonas führte mich
in den Black-Jack-Saal.
„Schau dir den *Redneck* an", sagte er. „Der verzockt
gerade Haus und Hof."
Als *Redneck* bezeichnet man in Amerika Männer, die
aus einem der Agrarstaaten des Mittleren Westens
stammen. Weil sie ihre Arbeit unter freiem Himmel
betreiben, haben sie meist einen Sonnenbrand im Nacken. Außerdem tragen sie gerne kurze Hosen, auch
im Casino. In Baden-Baden oder Monte Carlo kämen
sie so nicht mal bis zur Pforte, doch die Kleideretiket-
te von Las Vegas sieht das ganz locker. Hauptsache,
sie kommen mit Geld und gehen ohne. Wie der *Redneck* am Black-Jack-Tisch, der dabei war, die größte
Dummheit seines Lebens zu begehen.
„40000 auf Zahl", flüsterte Jonas. „Der Typ ist völlig
durchgeknallt."
Vorhin hatte ich gelernt, dass die Kombination
Kirsche-Kirsche-Kirsche beim Einarmigen Banditen
süßen Gewinn versprach. Doch Black Jack, irgendwie verwandt mit dem Kartenspiel 17 und 4, über-
stieg mein abstraktes Denkvermögen.
„Ass und Zehn oder Ass und Bild", erklärte Jonas,
„dann kann sich Mr. Redneck „Sir" nennen."
Vom Tisch kam Geschrei. Der *Redneck* hatte auf einmal nicht nur einen roten Nacken, sondern auch ein

feuerrotes Gesicht. Er brüllte. Er weinte. Er schämte sich nicht seiner Tränen. Mit ähnlich unbewegtem Gesicht wie die scientologischen Wegelagerer strich der Croupier das Geld ein.

„Auf Nimmerwiedersehen Jahresverdienst", sagte Jonas. „Willst du zurück zum Banditen?"

Ich wollte nicht. Auf einmal wollte ich weit weg sein. Und vor allem wollte ich ein Bier.

„Oh, oh", sagte Jonas. „Du kannst in den Casinos dein Geld verzocken. Du kannst deiner Lady Hörner aufsetzen. Aber ein Bier kannst du nicht kriegen."

Im Gegensatz zu *Old Europe*, wo Saufen Volkssport wurde, ist Alkohol in den Staaten verpönt. Kauft man sich ein Bier im *Liquor Store*, wird die Dose verschämt in eine braune Tüte gesteckt. Öffentliches Trinken auf der Straße kostet richtig Geld, wenn man sich erwischen lässt. Restaurants müssen *fully licensed* sein, sonst schenken sie nur süßes Pappzeug aus. Alles in allem eine gute Sache. Wer sich am Wochenende in bundesdeutschen Fußgängerzonen seinen Weg durch Junggesellenabschiede bahnen muss, sehnt sich nach amerikanischen Verhältnissen.

Trotzdem wollte ich jetzt mein Bierchen. Mit wenig Hoffnung machten wir uns auf die Suche nach einem Zapfhahn, und am Ende landeten wir im Kühlschrank. Das war zwar nicht der Name des Restaurants, aber es fühlte sich so an. Im Kühlschrank hatte es 15 Grad Celsius, und aus jeder Ecke pfiff kalter Wind. Dafür konnte man für eine Handvoll Dollar futtern, soviel reinpasste. Natürlich gabs kein Bier, aber wunderbare Getränke in der Geschmacksrichtung Chemieunfall.

„Die blasen reinen Sauerstoff in die Restaurants", sagte Jonas. „Das hält die Leute wach. Schließlich soll man spielen. Sie drehen auch die Temperaturregler in den Keller. So schlägt keiner Wurzeln."

„Was ist mit dir", fragte ich. „Zockst du nie?"
Jonas hatte regelmäßige Auftritte in Las Vegas. Nicht
mit der Rockband, seinem Traum von Ruhm und
Reichtum. Sondern in der Fantasieuniform einer
Showkapelle, die Songs von Dean Martin und Frank
Sinatra imitierte.
„Es gibt zwei Wege aus diesem Gebäude: Über das
Gerüst oder in Handschellen. Beide sind riskant."
Jonas zitierte wieder Matrix, also wusste ich, wie
Ernst ihm die Sache war. „Das gleiche gilt fürs
Casino. Da gibts auch nur zwei Wege raus: Ohne
Geld, oder pleite."
Auf dem Weg zu seinem Auftritt beobachtete ich
die Leute. Ich sah viele lachende Gesichter. Geld-
verlieren machte offenbar Spaß. Ganze Großfami-
lien schlenderten an mir vorbei, drei Generationen
auf einmal. Frauen-Kaffeekränzchen, die ihre Ur-
laubskasse auf den Kopf hauten. Angestellte, Singles,
junge Pärchen. Ganz klar, Las Vegas hatte sich ge-
wandelt in den letzten Jahren. Dabei hatte alles recht
bescheiden angefangen. Als der Bundesstaat Nevada 1931 das Glücksspiel legalisierte, übernahm die
Mafia die heruntergekommene Ansammlung Farm-
häuser an einer Eisenbahnkreuzung mitten in der
Wüste. Der Mann mit der Vision hieß Bugsy Siegel,
und sein Traum war ein Luxushotel mit integriertem
Spielcasino. So etwas gabs noch nicht, und sein Kon-
zept ging tatsächlich auf. Das Geld kam rein, doch
Bugsy selbst hatte wenig davon, denn ein Mafiakiller
erschoss ihn mit einer Schrotflinte, während er die
Los Angeles Times studierte. Was nicht zur Annah-
me verführen sollte, dass Lesen grundsätzlich un-
gesund ist. Nach dem Mord erklärte das Nationale
Verbrechersyndikat, der Zusammenschluss der Ma-
fiafamilien, Las Vegas zur offenen Stadt. Das hieß,
alle Familien durften sich geschäftlich „engagieren".

Mit der Folge, dass bis in die 70er und 80er-Jahre Vegas in einem Atemzug mit Prostitution, Drogen, Geldwäsche und Mord genannt wurde. Als die Mafia schließlich aus dem Verkehr gezogen wurde, übernahmen nicht weniger schillernde Figuren, wie der Flugzeugmagnat Howard Hughes, das Ruder. Erst in den 90er Jahren läutete die Stadt den Wertewandel ein: Sauber wollte man werden, Spaß und Vergnügen für die ganze Familie bieten. In *family values* sahen die großen Hotel-Casinos eine einzigartige Möglichkeit, neue Zielgruppen in die Wüste zu locken. Die Strategie ging auf. Wie Tausendundeine Nacht glitzert der *Las Vegas Strip*, und allein die 60000 Hotelzimmer, die an dieser Straße liegen, sind fast immer ausgebucht. 38 Milliarden Dollar pro Jahr setzt die Stadt um – das ist mehr als das Bruttoinlandsprodukt von Liechtenstein, dem europäischen Bruders des Zockerparadieses.

Bunt und familienfreundlich war auch die Show, in der Jonas die Gitarre zupfte. Irgendwie erinnerte sie mich an „Ein Kessel Buntes", die Samstagabendunterhaltung der DDR. Den Leuten gefiel es trotzdem. Wahrscheinlich, weil keiner der Musiker sein Instrument zertrümmerte.

„Lust, was Rechtes zu sehen?", fragte er mich hinterher.

Er wollte nicht wissen, was ich von seinem Auftritt gehalten hatte. Wahrscheinlich kannte er die Antwort schon. Wir schlenderten über den Strip, bogen in eine Nebenstraße ab. Ziemlich schnell wurde es ziemlich duster. Ein paar Blocks weiter war nichts mehr zu sehen von *Bright Light Big City*. Jonas steuerte ein Gebäude an, das mich an Norman Bates' Haus erinnerte. Der Türsteher sah mich mit ebenso stechendem Blick an wie Hitchcocks Psychokiller, so dass ich ein „Hy Norman, heute schon geduscht?" nicht unterdrücken konnte. Bevor Norman die rechte Antwort fand, war ich Jonas in die Katakomben gefolgt. Infernalischer Lärm schlug uns entgegen. Auf der Bühne tobte eine Punkband, davor hüpfte eine dampfende Meute, als ob's kein Morgen gäbe.

„   !", rief mit Jonas ins Ohr. Ich verstand kein Wort. „ES GIBT BIER!", brüllte er. Und fügte hinzu, was es sonst noch alles gäbe. Es fehlte an nichts.

Am Ende der Nacht war klar: Das Las Vegas von heute ähnelt dem Las Vegas von Bugsy Siegel. Es hat sich nur in die dunklen Ecken verzogen. Dorthin, wo *family values* keinen interessieren.

Ich ging gar nicht zurück ins Hotel, sondern gleich zum Flugplatz. Nicht zum International Airport, sondern auf eine kleine Piste außerhalb der Stadt. Um 5:30 Uhr hatte ich einen Helikopterflug gebucht, da war ich wohl nicht bei Sinnen gewesen. Aber ich wollte den Hoover-Staudamm sehen, die Canyonlands dahinter, und die Sonne über dem Grand Canyon aufgehen.

Der Hoover-Damm staut den Colorado, den größten und wichtigsten Fluss im Südwesten der USA. Von einigen Umwegen abgesehen hatte ich vor, eine Zeitlang seinem Verlauf zu folgen: Von Nevada nach Arizona hinein in den Mormonenstaat Utah. Was konnte also besser sein, als sich die Sache von oben anzusehen?

Kaum abgehoben, rieb ich mir die Augen. Erwähnte ich, dass Las Vegas in der Wüste liegt? Und dass eine herausragende Eigenschaft von Wüste ein Mangel an Wasser ist? Kaum aber zogen wir die erste Schleife über der Stadt, sah ich nur noch eines: Swimmingpools, soweit das Auge reichte. Und das reichte ziemlich weit. Wie in allen amerikanischen Städten zogen sich die *suburbs* endlos hin. Inmitten dieser braunen Landschaft lagen Tausende grüner Quadrate. Auf jedem Quadrat stand ein Einfamilienhaus, vor jedem Haus ein Pool. Ein paar Tausend blaue Tümpel blitzten aus der Wüste empor, und irgendwie wirkte es, als sähe ich die Stadt durch die drogenverhangenen Augen von Jonny Depp in „Fear and Loathing in Las Vegas".

Vielleicht wars auch so, dass sich Realität und Alptraum immer näher kamen. Gestern hatte mir Jonas erzählt, dass Vegas den sagenhaften Altersdurchschnitt von 34 Jahren erreicht hatte. Und der Traum jedes *nouveaux riches* war das eigene Häuschen mit eigenem Pool. Ist ja verständlich an einem Ort mit Sommertemperaturen von über 40 Grad Celsius. Die Frage war nur: Wo kam das Wasser her? Nur ein kleiner Teil stammte aus dem Colorado.

Als wir mit Karacho über den Hoover-Damm preschten – kleiner Test, ob mein Magen was aushielt – lag der Fluss tief eingeschnitten in einer kolossalen Gesteinsformationen unter uns. Kein Zweifel, hier hatte kosmisches Karate stattgefunden. Wie sonst konnte sich Wasser so tief in hartes Gebirge fressen? Sicherlich gab es geologisch einwandfreie Antworten, aber ehrlich gesagt waren mir diese beim Anblick dieses Naturwunders egal. Ebenso schnuppe waren mir auf einmal die Pappmaché-Wunder von Vegas. Und völlig gleichgültig alle Einarmigen Banditen dieser Welt. Befreit von jeglicher Spielsucht hielt ich den Atem an, und das blieb so, bis wir wieder landeten. Da halte ich es gerne mit dem Sturm-und-Drang-Dichter Wilhelm Heinse, einem der wilden Zeitgenossen Goethes. 1780 schrieb er, angesichts des Rheinfalls von Schaffhausen: „Das Wirbeln und Sieden und Schäumen in der Tiefe, mit dem Brausen und dem majestätischen erdbebenartigen Krachen dazwischen, da müssen alle Tiziane, Rubense und Vernets vor der Natur zu kleinen Kindern und lächerlichen Affen werden."

Das passte hierher. Die atemberaubende Schönheit der Natur ist es auch, was ich an Amerika am meisten liebe. Du verlässt die Stadt, und tauchst in eine Landschaft ein, die den Namen Wildnis noch verdient. Das war in Vegas so, das war in Denver so, das war in San Franzisko so, in Los Angeles, in Chicago, ja, selbst in New York. Während es in Deutschland kaum ein Fleckchen Erde gibt, welches nicht in irgendeiner Weise genutzt wird, bieten die Staaten weite Regionen, in denen einfach nichts ist. Und für mich war es schon immer das Schönste, viel Nichts um mich zu haben.

Blieb also nur noch die Frage zu klären: Wie kam Las Vegas zu seinem Wasser, und was passiert, wenn man in gleicher Geschwindigkeit weiterbaut? Weil ich niemand Kluges in der Stadt kannte, der mir darauf Antworten geben konnte, blieb nur Jonas übrig, der Gitarrenzertrümmerer. Zu meiner Überraschung wusste er Bescheid.

„Pipeline", sagte er. „Hoch nach White Pine. Die haben Grundwasser, das will Vegas anzapfen. Bis jetzt gaben die Umweltbehörden kein grünes Licht, aber du kannst deinen Arsch darauf verwetten, das kommt wie's Amen in der Kirche."

„Klingt", sagte ich, „als hättest du in der Schule aufgepasst."

„Klingt", erwiderte Jonas, „als hätte ich „Chinatown" gesehen."

Im Film von Roman Polanski kommt Jack Nicholson als Privatdetektiv Jake Gitte einem Wasserversorgungsskandal auf die Spur. Leider vermasselt er alles, was der Grund ist, weshalb man den Streifen zum Genre *Film Noir* zählt.

„*Film Noir* heißt, nahe an der Realität zu sein", sagte Jonas. „Im Irak kämpfen wir Amerikaner ums Öl. Hier kämpft jeder gegen jeden ums Wasser."

„Vielleicht sollte man ein paar Pools ablassen", warf ich ein. Auf diese clevere Idee waren aber auch schon andere gekommen. In seinem Essay für den Sierra Club über Las Vegas unter dem Titel „*Too many people in the wrong place celebrating waste as a way of life*"[2], beschrieb der amerikanische Schriftsteller Mike Davis die Zukunft der Stadt. Wenn nicht bald jemand den Wasserhahn zudreht, prophezeit er, wird in Kürze wieder die Wüste das Sagen haben. Da mochte Bush während seiner Amtszeit noch so oft „*The American Way of Life*" als nicht diskutierbar beschwören – die Trockenheit interessierte das alles herzlich wenig.

„Ich komm seit fünf Jahren in die Stadt", sagte Jonas. „In dieser Zeit hats nie geregnet."

„Das erinnert mich daran", erwiderte ich, „dass ich ins Death Valley will."

„Bist du bescheuert?", rief er. „Da ist es ja noch trockener. Da gibts doch rein gar nichts."

Wie recht er hatte.

„Eben drum", sagte ich. „Darum will ich hin."

---

2 *Too many people in the wrong place celebrating waste as a way of life* – zu viele Leute am falschen Ort verschwenden zu viele Ressourcen.

Unabhängigkeitstag

Endlich, nach Stunden einsamer Fahrt, ein Schild. Die Klimaanlage lief auf Hochtouren, ich hatte die Seitenfenster mit Tüchern verhängt, trotzdem lief mir der Schweiß in Strömen hinab. Ich wischte ihn mir aus den Augen. Was stand da? *„Don't give hitchhikers a lift!"* Nimm keine Anhalter mit. Na, so was. Da kutschiert man ewig durch die Wüste, stirbt fast vor Langeweile, weil im Radio außer den Gehirnwäschesendungen fundamentalistischer Prediger nichts kommt – und da soll man ein armes Schwein am Wegesrand bei 50 Grad Celsius einfach stehen lassen? Schöne Menschenfreundlichkeit!
Ich hatte weitere 100 Kilometer Zeit, um mir über Sinn und Unsinn des Schildes Gedanken zu machen. Dann flimmerte am Horizont eine Fatamorgana, silbern und unwirklich. Ein paar Minuten später wurde ein riesiger Gebäudekomplex daraus. Nochmals ein paar Minuten später kam ein Zaun, fünf Meter hoch und stacheldrahtbewehrt, alle 50 Meter von einem Wachturm unterbrochen. Was zum Teufel war das? Ein Schild gab Auskunft: *„Ely State Prison"* stand darauf. Darunter ein erneuter Hinweis, auf keinen Fall Anhalter mitzunehmen. Jetzt fiel bei mir der Groschen. Aber wie stellten die sich das vor? Ein Knacki kratzt sich mit dem Löffel durch die Mauer wie einst der Graf von Montecristo, stellt sich dann an die Straße, wartet Stunde um Stunde, bis einer vorbeikommt, hält den Daumen raus und fragt höflich, ob man ihn mitnehmen möge – bevorzugt nach Süden, nach Mexiko, weil schon Jimi Hendrix sang:

Way down to Mexico
I'm goin' way down south
I'm goin' way down south
Way down where I can be free.[1]

Komisch, nicht wahr? Träumen die Menschen im Land der Freiheit von der Freiheit, ist immer Mexiko im Spiel. Verstohlen warf ich Blicke auf das Monstergefängnis in der Wüste. Eine unbarmherzige Sonne knallte auf die Gebäude. Was immer die Leute da drin verbrochen hatten, jetzt waren sie im Vorhof zur Hölle angelangt. *„Maximum security prison"*, nennt sich das Ely State. Viele der 1000 Gefangenen sind zum Tode verurteilt und warten da drin auf ihre Exekution. Aus dem Radio plärrte ein Heiliger der Letzten Tage, das Ende sei nahe, wir sollten bereuen und büßen und vor allem seiner Kirche viel Geld spenden, und ich fragte mich, ob nicht auch der religiöse Fundamentalismus vieler Amerikaner für ihre übervollen Gefängnisse mitverantwortlich ist. Da gibt es beispielsweise eine Region, groß wie Zentraleuropa, die nennt sich der *Bible Belt*. In diesem Bibelgürtel hat der ultrakonservative Protestantismus das Sagen. Den 95 Thesen, die Luther ans Hauptportal der Schlosskirche zu Wittenberg genagelt hatte, fügte man im *Bible Belt* eine ganze Schippe hinzu. So gibt es in Texas, Kansas, Virginia, Tennessee, Oklahoma oder Florida – alles Bibelgürtelstaaten – die kuriosesten Gesetze. Man kann ja darüber lachen, dass man in Hastings, Nebraska, vorschreibt, jedem Hotelgast ein sauberes und geplättetes Nachthemd zur Verfügung

---

1 *Ich geh in den Süden*
  Ich geh in den Süden
  Runter nach Mexiko
  Da geh ich hin
  Dort bin ich frei

zu stellen. Es bleibt einem aber im Halse stecken, wenn man den Grund dafür kennt. Ehepaaren ist es unter Strafe verboten, zusammen nackt im Bett zu liegen. Sex unter verheirateten Menschen wird in Hastings, Nebraska, erst legal, wenn sich die Ehepartner saubere und geplättete Nachthemden übergezogen haben. Überhaupt, Nacktheit ist verpönt: In Minnesota darf niemand nackt schlafen, egal ob verheiratet oder nicht. In Florida – ausgerechnet Florida – ist nackt duschen verboten. Gut, nicht? Nevada verbietet Sex ohne Kondom. In Washington und Florida sind außer der guten alten Missionarstellung alle anderen untersagt. Gefängnis droht, wenn man in diesen Staaten die Brüste seiner Ehefrau küsst, Oralverkehr hat, oder gar der Sodomie frönt. In Massachusetts müssen Frauen beim Sex per Gesetz immer unten liegen. Geben sich in North Carolina Mann und Frau in einem Hotel als Ehepaar aus, sind sie mit sofortiger Wirkung verheiratet. Mein absoluter Favorit aber stammt aus Connorsville, Wisconsin: Dort ist es illegal für einen Mann, sein Gewehr abzufeuern, wenn seine Frau einen Orgasmus hat. Ich hege den Verdacht, dass auch ohne dieses Gesetz in Connorsville, Wisconsin, verdächtige Stille herrscht.

Druck erzeugt Gegendruck, lehrte uns Newton. In Amerika sorgen falsche Moral, oft zitierte und nur selten gelebte *family values,* und viele unsinnige „das-tut-man-nicht-Regeln" für eine Menge Druck. Der Gegendruck findet dann an Orten wie dem kalifornischen San Fernando Valley statt, dem Hollywood der Pornobranche. Dort wird alle 20 Minuten ein neues Video produziert, der jährliche Umsatz knackte 2007 die 100 Milliarden-Dollar-Grenze. Das ist mehr Bimbes, als Microsoft, Google, Amazon, eBay, Apple und Earth Link zusammen umsetzen. Ob Bill

Gates sich hin und wieder fragte, ob er aufs falsche Pferd gesetzt hat, weiß ich nicht. Ob er ein Gewehr abfeuert, wenn seine Gattin zum Höhepunkt kommt, auch nicht.

Ich habe schon einige Wüsten im Auto durchquert, aber eine, die „Tal des Todes" heißt, sorgt automatisch für Respekt. Darum hatte ich vor, früh morgens anzukommen, wenn die Temperaturen noch nicht das Thermometer zum Schmelzen bringen. Das bedeutete aber, ganz früh morgens den Wecker stellen zu müssen. So gut wie möglich machte ich es mir im Auto bequem, was vergebliche Liebesmüh war. Ich weiß nicht, wie manche Leute es fertig bringen, darin zu schlafen. Vermutlich haben sie Gummiknochen oder eine zehnjährige Yoga-Ausbildung. Ich kann weder mit dem einen noch dem anderen dienen. Also summte ich Bill Anderson, der klingt wie Elvis mit einem Stück Seife im Mund, *„this feeling getting stronger. I can't wait any longer"*, klemmte mich wieder hinters Steuer, um weiter gen Westen zu fahren, dem Todestal entgegen.

Das *Death Valley* trägt seinen Namen nicht umsonst. Es ist der trockenste und lebensfeindlichste Ort in einem Teil Amerikas, in dem kein Mangel an Wüsten herrscht. Trotzdem präsentierte sich mir eine faszinierende Landschaft, vor allem am Zabriskie Point, mit einem Becher Kaffee in der Hand. Hier gefällt es mir nicht nur, weil erstklassige Filme wie Michelangelo Antonionis gleichnamiges Roadmovie gedreht wurden, oder Bono von U2 darauf bestand, das Coveralbum von „The Joshua Tree" an genau der Stelle aufzunehmen, wo ich jetzt saß. Sondern weil das Tal unter mir ständig die Farben wechselte, von grau über tiefblau zu violett nach orange. Als die Sonne höher stieg, wurde ein leuchtendes

Gelb daraus. Ich wandte mich dem Mann zu, der fünfzig Meter von mir entfernt in einem Regisseurstühlchen kauerte, und ehrfurchtsvoll wie ich dem Farbenspektakel zusah.

„You like some coffee?", rief ich weltgewandt hinüber, und er rief zurück, danke, gerne, warum auch nicht. Wir rückten aufeinander zu wie zwei Hunde, die sich erst beschnuppern müssen. Nach der üblichen Platte – *yes, Germany, Black Forest, Black Forest Cherry Cake* – war das Eis geschmolzen. Er sagte, er heiße Tom Moe, und käme aus Indian Springs, zwei Autostunden von hier. Wir schüttelten uns die Hand.

„Verbringen Sie häufiger einen Morgen hier draußen?", fragte ich.

„Welchen Tag haben wir?", antwortete Tom mit einer Gegenfrage.

„4. Juli", sagte ich. „Unabhängigkeitstag."

„Und was passiert da?"

„Jubel, Feste, Feuerwerk", antwortete ich. „Falls Sie das meinen."

„Das meine ich", sagte Tom. „Vor allem Feuerwerk." Er schwieg, und ich nutzte die Gelegenheit und schenkte Kaffee nach. Das Todestal war jetzt in gleißendes Licht getaucht. Ein heißer Wind fegte die letzten Erinnerungen an das Morgenwunder weg. Ich spürte Sand zwischen den Zähnen.

„Vor zwei Jahren kam ich aus dem Irak zurück", sagte Tom unvermittelt. „Seither hasse ich Feuerwerk." Oje, dachte ich, eine Kriegsgeschichte. Es fällt mir nie leicht, mich mit Veteranen zu unterhalten. Das kommt davon, wenn man Weltpolizei spielen muss, möchte ich dann gerne sagen, und das ist kein gern gehörtes Argument. Trotzdem bin ich immer erstaunt, wie wenig – im Gegensatz zu Vietnam – die Kriege im Irak und Afghanistan öffentliches Thema sind. Nach Vietnam hatte Uncle Sam eine halbe

Million Soldaten geschickt, viele unfreiwillig. Das brachte die Protestbewegung in Fahrt, vor allem, als immer mehr Söhne von Politikern und Prominenten unter fadenscheinigen Gründen vom Wehrdienst befreit wurden.

Im Irak und in Afghanistan liegt die Truppenstärke zwar auch bei 180000 Soldaten, doch sind das Professionelle. Präsident Richard Nixon hatte 1973 auf Anraten des Wirtschaft-Nobelpreisträgers Milton Friedman die Wehrpflicht abgeschafft. Heute zahlen die Anwerber von Armee, Marine und Luftwaffe solchen Leuten um die 30000 Dollar, und locken dazu mit guten Löhnen, günstigen Häusern und attraktiven Krankenversicherungen. Viele Rekruten, die dem Angebot erliegen, stammen aus ländlichen Regionen mit hoher Arbeitslosigkeit. Diese Art von „Freiwilligkeit" lässt sich also auch diskutieren. Bei Tom wars nicht anders gewesen.

„Ich war verheiratet, wir hatten zwei Kinder, ich war arbeitslos", sagte er. „Das Ganze schien ein guter Deal zu sein. Vom Irak sprach noch kein Mensch. Fünf Monate gingen ins Land, und alles sah anders aus."

Belief sich die durchschnittliche Einsatzzeit der Soldaten in Vietnam auf 12 Monate, sind es heute zwei bis drei Jahre.

„Bei mir warens drei", sagte Sam. „Als ich nach Hause kam, hatte ich den Anschluss verloren. Ich dachte, die Leute quatschen Tag und Nacht über nichts anderes als Krieg. Statt dessen war Janet Jackson Thema Nummer Eins, weil sie in der Halbzeit vom Super Bowl eine Titte gezeigt hat. Ich konnte es nicht fassen!"

Janets Skandalauftritt – in Europa wäre es nicht mal ein Skandälchen gewesen – verdrängte 2004 für Monate alle Schlagzeilen. In Anlehnung an *Watergate* kreierten die Medien das Wort „Nipplegate", man mag es kaum glauben. Bush konnte nichts Besseres passieren. Hatten nach dem 11. September noch 80 Prozent der Amerikaner seiner Außenpolitik zugestimmt, waren es 2004 winzige 35 Prozent. Doch die rechte Brustwarze von Michael Jacksons kleiner Schwester brachte für lange Zeit alle Kritiker zum Verstummen.

„So ist Amerika", sagte Tom. „Oder gibts das bei euch auch?"

„Auf keinen Fall" zu sagen ist immer leicht. Aber ich konnte mir beim besten Willen keine prominente Brustwarze vorstellen, der es gelingen würde, die Umtriebe einer ganzen Regierung aus den Schlagzeilen zu nehmen.

„Ich war dumm", fuhr Tom fort. „Als ich zurückkam, war meine Frau über alle Berge. Einen Job gabs nicht. Viele Leute auf einem Haufen hielt ich nicht mehr aus, und wenn irgendwo ein Feuerwerk abgeht, krieg ich Muskelkrämpfe."

Er sagte das ganz ungerührt, aber ich konnte sehen, wie es in ihm brodelte. *Post-traumatic stress disorder*, nennt man diesen Zustand. Über die Hälfte der heimkehrenden Soldaten sollen zu keinem bürgerlichen Leben mehr fähig sein. Wer „Rambo" gesehen hat, weiß, was das heißt.

„Deshalb", sagte Tom, „ist das für mich der richtige Ort, um Unabhängigkeitstag zu feiern. Das Tal des Todes hat den richtigen Namen. Es hat Temperaturen wie im Irak. Und es gibt kein Feuerwerk."

Im Song „Bullet the blue sky" auf dem Album „The Joshua Tree" mit dem Cover vom Zabriskie Point, singt Bono:

In the howling wind comes a stinging rain
See it driving nails into souls on the tree of pain.[2]

---

2   *Der Wind heult, der Regen prasselt*
     Nagelt meine Seele ans Kreuz

Ich konnte die Nägel in der Seele von Tom sehen. Nach diesem Gespräch jetzt durch ein Tal zu fahren, welches von den *Funeral Mountains* – also den Beerdigungs-Bergen – begrenzt war, während die *Furnace Canyon* – die Hochofenschlucht – wartete, um am Ende im *Badwater Basin* – dem Talbecken des schlechten Wassers – zu landen, erschien mir plötzlich keine gute Idee mehr zu sein. Aber da tat Tom etwas typisch Amerikanisches. Er reichte mir den Six-Pack, der neben seinem Regiestuhl stand.

„Mehr kann ich dir nicht geben", sagte er. „Sind meine letzten."

Meinen Protest ließ er nicht gelten. „Glaub mir, das wird 'ne durstige Fahrt", sagte er. „*Take care.*"

Dann schaute er demonstrativ in die andere Richtung – dorthin, wo hinter der Amargosa Wüste auf der *Nellis Air Force Range* noch immer Atombomben getestet werden. Ich stieg ins Auto, drehte die Klimaanlage auf volle Lotte, und machte mich auf den Weg zum amerikanischen Tiefpunkt. Der liegt im *Badwater Basin*, minus 86 Meter unterm Meeresspiegel. Dort, nahm ich mir vor, wollte ich das Erste von Toms Bieren öffnen, um auf sein Seelenheil zu trinken.

Seit Stunden zuckelte ich hinter einem Monsterwohnmobil her, ein Brontosaurus auf Rädern. 20 Meilen pro Stunde schaffte das Ding, vielleicht auch 21 auf der Gerade, die aber nicht vorkam. Das Death Valley lag 300 Kilometer hinter mir. Nach der Wüste hatte ich auf einmal das Bedürfnis gehabt, Bäume zu sehen. Viele Bäume. Tausende von ihnen, meine Schwarzwälder Seele schrie nach Grün. Deshalb verwarf ich Plan A – auf nach San Francisco – und ging nahtlos zu Plan B über: Auf zum Sequoia National Park, und in den Kings Canyon National Park. Da gabs Bäume, viele Bäume, Tausende von ihnen;

es gab handtuchschmale, kurvenreiche Sträßchen mit Steigungen von 15 Prozent und damit die süße Erinnerungen an Zuhause. Und es gab das Monsterwohnmobil. Nun ist es ja nicht so, dass man im Schwarzwald aufwächst, ohne die speziellen Freuden unerwarteter Begegnungen mit Wohnmobilen zu kennen. War es früher der Wolf, vor dem wir alle zitterten, ist es heute der Holländer, der seine fahrende Hundehütte hinter der nächsten Haarnadelkurve parkt. Doch was da vor mir fuhr, hatte holländische Wohnwagendimensionen gesprengt: Es war eine veritable Villa, der jemand Räder angeschraubt hatte. Auf dem Dach war ein Boot befestigt in der Größe von Kolumbus' Santa Maria, ein Motorrad war auch noch angeschraubt, und, als ob das nicht genügte, schleppte der Brontosaurus ein Auto hinter sich her. Ich übte mich in Geduld, zählte die Bäume, und als ich bei 3 Millionen 576873 die Grenzen meines Zahlenuniversums erreicht hatte, kam ein Parkplatz. Der Brontosaurus stellte sich quer über alle freien Plätze und ich fuhr an ihm vorbei. Im Rückspiegel sah ich ein altes Männlein herausklettern. Ich bremste. Ich hielt an. Ich fuhr zurück und stieg aus. Ich sagte „Hi", ich frage „How are you?", und ich sagte hinterlistig, das war ja ein ziemlich enges Sträßchen gewesen, auf dem wir die letzten drei Stunden im Schneckentempo entlang gekrochen waren.

Das Männchen gab mir Recht.

„Oh ja", sagte es, er kenne das. Wo immer er hinkomme, ginge es eng zu. Zum Glück wären ihm und seiner Gemahlin das völlig gleichgültig. Sie hätten nämlich viel Zeit.

Das freute mich aber. Jetzt gesellte sich auch seine Frau dazu, mit Lockenwicklern in rosa Haaren. Die beiden stellten sich vor, Mary-Ann und Bob aus Minnesota, wo es zwar auch nett sei, aber nichts gegen den Südwesten. Nachdem wir etwas Small Talk betrieben hatten, stellte ich die Mutter aller Fragen.

„Darf ich einen Blick rein werfen?", fragte ich, und zeigte auf den Brontosaurus. „So etwas gibt's bei uns in Deutschland nicht."

„Du bist aus Germany, kein Wunder", sagte Bob. „Ich dachte schon, der komische Akzent."

Er wollte wissen, ob ich den *Black Forest* kenne und schon mal *Black Forest Cherry Cake* gegessen hätte.

„Oh ja", sagte ich. „Den futtern wir den ganzen Tag."

Das war die richtige Antwort. Ich wurde reingebeten. Drinnen sah es gemütlich aus, es fehlte an nichts: Zwei getrennte Zimmer, ein kleines Bad, eine Küche mit Geschirrspülmaschine, Wäschetrockner, Mikrowelle und Eisschrank. Ein unabhängiges Stromnetz versorgt die Geräte, erklärte Bob, so dass die Sorge, das Cola könnte nicht anständig gekühlt sein, ihm keine Kummerfalten auf die Stirn trieb.

„Als Bob in Rente ging, haben wir unser Haus verkauft und den Alligator erworben", sagte Mary Ann.

„Den Alligator?"

„Das Wohnmobil heißt so. Drunten in Quartzsite haben wirs von einem Priester taufen lassen."

Jeden Januar findet in Quartzsite, Arizona, das größte Treffen amerikanischer Nomaden statt. Es sind die *nomadic retirees*, Rentner auf Achse. Sie selbst sagen über sich, „wir sind die ‚Geritol Zigeuner'". Geritol heißt in Amerika ein populäres Aufbaumedikament für ältere Menschen. Immer mehr von denen geben nach dem Berufsleben die Sesshaftigkeit auf, um wie ihre Vorfahren von Ort zu Ort zu ziehen. Mittlerweile schätzt man ihre Zahl auf 3,5 Millionen, und viele sind in ähnlichen Dinos unterwegs. Weil alle in die Sonne wollen, gibt es richtiggehende Trecks: Im Winter hinab in die Südstaaten, im Sommer hoch in den Norden. Eigentlich eine logische Sache: Die

Ahnen der *nomadic retirees* haben auch eines Tages alles stehen und liegen gelassen, um zu neuen Ufern aufzubrechen. Nun setzen die neuen Nomaden diese Tradition fort. Im Gegensatz zu uns ziehen Amerikaner ohnehin häufig um: Wenn es der Job verlangt, packt man seine Sieben Sachen, und weiter gehts. Es kommt selten vor, jemanden zu treffen, der sein Leben an nur einem Ort verbracht hat.

Wir plauderten ein halbes Stündchen über die angenehmen Seiten des Immer-unterwegs-sein, dann verabschiedete ich mich.

Draußen sah ich einen Aufkleber neben der Fahrertür. *We're spending Our Kids' Inheritance* stand da drauf, wir hauen das Erbe unserer Kinder auf den Kopf. Ein Späßchen, aber mit Hintergrund. Es war die Eisenhower-Generation, die in den 60er Jahren im großen Stil begann, das Rentnerdasein auf eine neue Art zu genießen. Anstatt mit den Enkelkindern auf dem Sofa zu hocken, wollte man die Welt sehen.

„So schmeckt das Leben", rief mit Bob nach. *„Burn down the house and saddle the horse."*

Brenn dein Haus nieder, dann sattle dein Pferd. Kein Wunder, ist Quartzsite ihre Fünfte Jahreszeit. In Anspielung auf die Stadt Niagara Falls nennen die Nomadenrenter das Städtchen *Viagra Falls*. Dort beten sie jede Nacht zum Gott der bunten Pille, und singen ein Halleluja auf die Pharmafirma Pfizer.

Ich winkte Bob zu, gab Gas, öffnete mit einer Hand eine Coladose, verbrühte mir den Mund. Irgendwann, nahm ich mir vor, werde ich auch in einem Dinosaurier mit allen Annehmlichkeiten des zivilen Lebens durch die Gegend streifen. Dann sah ich das Schild vor mir, „kurvenreiche Strecke auf den nächsten 30 Meilen" und verwarf den Vorsatz wieder. Schließlich sind die Dinos ausgestorben. Und das nicht ohne Grund.

Vermutlich kommt dieses Bekenntnis wenig überraschend, aber ich liebe Bäume. Ob Tanne oder Laub, ob mit Äpfeln drauf oder lustig aussehend wie der Baobab: Bäume sind meine Freunde. Deshalb stand es außer Frage, dem ältesten Baum der Erde meine Aufwartung zu machen, inmitten der Mammutbaumwälder des Sequoia National Parks. Der Baum heißt „General Sherman Tree", ist 83 Meter hoch, misst 31 Meter im Umfang, und, festhalten Herrschaften, ist über 3500 Jahre alt. Ich bin 43, und wenn ich weiterhin warmes Cola trinke, kommt bald die Zeit, übers Testament nachzusinnen. Also konnte ich gar nicht anders als voller Ehrfurcht den Baummethusalem zu bestaunen, an dem mir nur der Name nicht passte. General Sherman war ein Bürgerkriegsgeneral, und ich bin mir sicher, mein Freund, der Baum, hätte sich einen anderen ausgesucht. Wahrscheinlich auch nicht Karl-Marx-Baum, wie ihn 1880 die Mitglieder der sozialistischen *Kaweah Colony* umtauften. Marx konnte sich aber nicht durchsetzen, und so kam der Bürgerkriegsgeneral wieder zum Zug.

Ich lief einmal um den Baum herum, dann nochmals und nochmals, dann wurde es Zeit, das Weite zu suchen. Außer mir waren noch ein paar Hundert weiterer Baumbewunderer hier, und irgendwie ähnelten wir Ameisen, die hin und her wuselten, ohne dass man eine höhere Ordnung erkennen konnte. So ging ich zurück zum Parkplatz, der, da wir in Amerika waren, keine 20 Meter vom Baum entfernt lag. Ich ging mit gemischten Gefühlen, denn diese Mammutbäume wachsen in einem 60 Kilometer schmalen und 700 Kilometer langen Streifen entlang der kalifornischen Pazifikküste. Ihr Holz ist begehrt, von bester Qualität. Seit 1850 die ersten Weißen in die Gegend kamen, sind bereits 90 Prozent der Bestände gefällt worden. Diese Giganten überleben zwar locker Sturm und Feuer, aber die Motorsäge nicht.

Derart in Gedanken versunken fuhr ich weiter und weiter und weiter, und stand plötzlich vor dem Schild *Land's End*. Die Straße hörte auf, und ich hatte keine Ahnung, wo ich war. Ich stieg aus, wandte mich um. Da war nichts außer Bäume und dem Rauschen der Wälder. Ich musste falsch abgebogen sein. Was vor mir lag, war unberührte Wildnis wie zu Zeiten vor dem Weißen Mann. Ich hatte eine Dose warmes Cola und zwei Schokoriegel, und es stand außer Frage: *Land's End* – da wollte ich mein ganzes Leben schon hin!

Warum, dachte ich mir, machst du nicht eine kleine Wanderung nach all der Fahrerei? Ein schmaler Pfad führte in den Wald, und bald ging es steil abwärts. Irgendwo in der Tiefe rauschte ein Bach, oder waren es Wasserfälle, jedenfalls dachte ich, nachschauen kann nichts schaden. Als Schwarzwälder ist man es gewohnt, Spaziergänge durch tierarme Wälder zu machen, aus denen Bär, Wolf und Luchs schon lange und für immer vertrieben wurden. Nicht umsonst gilt die Zecke als das gefährlichste Geschöpf im Schwarzen Walde, doch hier lagen die Dinge anders. Vor mir raschelte es, dann raschelte es ein wenig mehr, dann raschelte es furchtbar laut und ein Braunbär sprang auf den Weg. Ganz erstaunlich, wie gut unsere Instinkte auch nach Tausenden von Jahren noch funktionieren. In einem früheren Leben bin ich sicher vor dem Säbelzahntiger weggelaufen, und genau das wollten meine Beine tun. Ein Braunbär ist zwar nicht so groß wie ein Grizzly, aber man kann ihn auch nicht einen Winzling schimpfen. Auf einmal fiel mir alles wieder ein, was ich in schlauen Büchern über Wanderungen in National Parks gelesen hatte: Nie alleine unterwegs sein. Immer ein Bärenglöckchen mit sich führen. Feste Krach machen, denn das mag Meister Petz nicht und sucht das Weite. Allerdings fiel mir auch etwas anderes ein: Wie sehr ich es mir gewünscht hatte – natürlich heimlich, still und leise – einen Bären in natürlicher Umgebung zu sehen. Das mag zwar bescheuert sein, aber Dollars in einarmige Banditen zu stopfen, ist ja auch bescheuert. Und, darauf gebe ich Brief und Siegel, der Adrenalinausstoß angesichts von 250 Kilogramm Muskeln ist um ein Vielfaches höher. Ich hielt die Luft an und beobachtete, wie *Ursus arctos* ebenfalls innehielt, schnupperte, und mich mit neugierigen Augen taxierte. Er ging ein paar Schritte auf mich zu, flinker und eleganter als seine massige Form es vermuten ließ. In den guten alten Zeiten meiner Jugend brachte ich über 200 Meter württembergische Spitzenzeiten zustande. Aber das lag schon lange zurück, und wer weiß, was ein regionaler Titel im internationalen Vergleich Wert ist. So blieb ich stehen, und das war vermutlich die richtige Strategie, denn keine zehn Meter von mir entfernt überlegte der Bär es sich anders. Er hielt inne, wiegte den Kopf hin und her, und trollte sich ins Unterholz. So unvermittelt, wie er aufgetaucht war, verschwand er im Wald. Eine Weile hörte ich das Knacken von Ästen, dann nur noch das Rauschen des Bachs dort unten. Vielleicht waren es ja wirklich Wasserfälle, aber wer will das wissen? Ohne Anfeuerungsrufe schaffte ich es in einem neuen baden-württembergischen Rekord der Altersklasse 43+ zurück zum Auto. Das Schild *Land's End* grinste mich an, als wollte es sagen, hast du's jetzt kapiert, hier gibts für dich nichts zu holen. Doch wie sagte schon Casanova bei ganz anderer Gelegenheit? „Neugier zieht an, Gelegenheit macht den Rest." Und was für Mann und Frau gilt, gilt auch für Daniel und Bär.

Jetzt kam doch Plan A – auf nach San Francisco – zum Zug. Natürlich nicht, ohne Scott McKenzie im Ohr zu haben, *„if you're going to San Francisco, be sure to wear some flowers in your hair"*. Die Hippiezeiten sind zwar vorbei, und die Strophe *„summertimes will be a love-in there"* mittlerweile nur eine leere Versprechung, trotzdem war, ist, und bleibt die Stadt zwischen Pazifik, Bay und Golden Gate für mich eine der Schönsten der Welt. Doch vor der Schönheit hat der Gott der Landstraße die Langeweile gesetzt, und die hieß Orange County. Eine Gegend, der Hollywood mit dem Film „Nix wie raus aus Orange County" das rechte Denkmal gesetzt hat. Endlose Straßen führten an endlosen Gemüsefeldern vorbei, die von endlosen Kanälen breit wie der Neckar künstlich bewässert wurden. Ab und zu stand ein Derrick auf freiem Feld, um mit jedem Zug ein paar Barrell Öl aus dem Boden zu holen. Was für ein Reichtum, dachte ich. Über der Erde wächst alles, was man sich denken kann, von der Ananas über Nüsse bis zum Wein. Unter der Erde warteten Öl, Gas, Gold, und jede Menge anderer Bodenschätze auf die Hand des Menschen. Kalifornien wäre, losgelöst von den USA, noch immer die achtgrößte Wirtschaftsmacht der Erde.

Bei Big Sur stieß ich auf den *Highway Number One*. Alles was Recht ist, hier lässt es sich aushalten. Das Hinterland lockte mit Bergen und Wäldern, das Meer mit Walen und Seelöwen. Kein Wunder zog es Henry Miller genauso her wie Jack Kerouac, der in Big Sur seinen gleichnamigen Roman verfasste. Auch Clint Eastwood ist nicht weit; im benachbarten Carmel gab er zwei Jahre lang den Bürgermeister. Auch dort fanden es ein paar Schriftsteller durchaus lebenswert. Ernest Hemingway war da, John Steinbeck war da, Jack London war da, und jetzt also auch Daniel Oliver Bachmann. Träumen darf ja erlaubt sein, dachte ich, als ich im Jack London's Bar & Grill einen Jack's Burger zu mir nahm, und mit mir selbst darüber philosophierte, ob man es als Schriftsteller geschafft hat, wenn eine Fleischbulette nach einem benannt wurde.

Auch in Monterey, ein paar Meilen weiter nördlich, hielt ich an. John Steinbeck nahm die Stadt als Vorbild seines fulminanten Romans „Die Straße der Ölsardinen." Doch die Zeit des Fisch- und Walfangs waren vorbei. Heute gingen in Monterey nur noch Touristen in die Netze. Deshalb hielt ich mich nicht lange auf, außerdem hatte ich ja eine Verabredung mit einer alten Liebe. Und die trifft man am besten zur frühen Stunde, wie Arthur Schnitzler in „Spiel im Morgengrauen" verrät. Ich verbrachte einige unbequeme Stunden auf einem Parkplatz in der Nähe von Sunnyvale, denn richtiges Timing ist beim Rendezvous die halbe Miete. Um 3:30 Uhr fuhr ich weiter, durch die Bay Area, eine endlose Ansammlung von Städten und Städtchen. Endlich ging es über die 13 Kilometer lange Oakland Brücke, und im großen Bogen über Berkeley und Richmond hinüber nach San Rafael. Ein umständliches Gekurve, aber ich hatte meine Gründe: Um 5 Uhr morgens lag die Golden Gate Brücke vor mir. Und zwar so, dass ich über sie hinweg nach San Francisco sehen konnte, während die aufgehende Sonne die Spitzen der Hochhäuser von Downtown wach küsste.

Ich fuhr hinab nach Fort Baker am Fuß der Brücke. Von hier aus sollte die Stadt während des Zweiten Weltkriegs verteidigt werden, heute dient der Platz den Liebespaaren. Selbst zu dieser frühen Stunden standen einige Autos auf dem Parkplatz. Die Sonne stiegt höher, und tauchte die Brücke in glühend rotes Licht. Diesen Moment einen Orgasmus zu nennen, wäre angesichts der Aktivitäten meiner Nachbarn übertrieben, trotzdem wollte ich mit keinem von ihnen tauschen. Anna Gavalda behauptete zwar, *„Ensemble c'est tout"*, zusammen ist man weniger allein, aber was weiß sie schon, schließlich hat sie das Buch ja nicht an der Golden Gate Brücke geschrieben.

So lassen sich in San Francisco die Tage über die Bühne bringen: Beim billigen Chinesen Unterschlupf finden, und zwar am besten in der Nähe der Columbus Avenue. Das spart zum einen Geld, zum anderen lernt man ganz neue Arten von Kakerlaken kennen. Außerdem teilt die Avenue die beiden Viertel *Little Italy* und *China Town*, so dass man nur die Straße überqueren muss, um in eine neue Welt einzutauchen. Obendrein ist der City Light Bookstore nicht weit, eines der besten Buchgeschäfte in den USA. Noch immer unabhängig – was etwas heißen will in den Zeiten der Buchkaufhäuser – hatte der 1953 von den Dichtern Lawrence Ferlinghetti und Peter D. Martin gegründete Laden schon alle Größen der internationalen Literaturszene zu Gast. Jetzt also auch den Bachmann, hätte ich beim Eintreten gerne gesagt, aber den Spaß hatte ich mir ja bereits in Carmel gegönnt. Also ging ich still und bescheiden zur Theke, und orderte wie die Hunderte Leute vor und die Hunderte Leute nach mir ein Ticket für die Lesung von Hanif Kureishi. „Der Buddha aus der Vorstadt", „Sammy und Rosie tun es", „Mein wunderbarer Waschsalon", waren Bücher und Filme, die es mir angetan hatten. Klar, dass ich den Megastar aus Großbritannien sehen und hören wollte.
Davor brauchte ich eine Stärkung, und die besorgte ich mir gleich um die Ecke in einer der zahlreichen Volksküchen von China Town. Selbst im Reich der Mitte gehts nicht überall so authentisch zu wie in dieser größten chinesischen Stadt außerhalb Asiens.

Was zeigt, wie heimwehkranke Auswanderer versu-
chen, etwas von der alten Welt in die Neue rüber-
zuretten. Ich aß ein Gericht, dass Hund, Katze oder
Ratte sein konnte, und ließ mich dann durchs Men-
schengewimmel zwischen Broadway, Bush, Kearny und Stockton Street treiben. Dort hatte ich eine
Verabredung. Auch wenn mir Ch'an Wu nur zehn
Minuten eingeräumt hatte, wollte ich diese auf keinen Fall verpassen. Der Freund eines Freundes eines
Freundes hatte vermittelt und gesagt, Ch'ans Fri-
seurladen vor dem Stockton Street Tunnel könne ich
nicht verpassen. Der Deal war, dass ich mir gegen
einen Haarschnitt seine Wohnung ansehen durfte.
Als ich Ch'ans Laden betrat, erkannte ich ihn gleich,
denn außer ihm war niemand da. Ich sagte, wer ich
war, und musste nicht mal ausreden. Er winkte mich
mit sich. Wir stiegen eine enge Treppe hoch, und betraten die Wohnung. Es gab drei Zimmer, in denen
es dunkel und muffig war, aber was mich interessierte, konnte ich auch so erkennen: Stockbetten an jeder Wand. Offiziell leben 70000 Chinesen in China
Town, doch Insider schätzen die Zahl auf dreimal
mehr. Also rund 200000 Menschen, die auf engs-
tem Raum in Wohnungen wie dieser schlafen, und
zwar in Schichten. Auch jetzt waren alle Betten gefüllt, was weniger zu sehen als zu hören war. Ch'an
führte mich wieder hinab, und gebot mir mit einer
herrischen Handbewegung, Platz zu nehmen. Das
tat ich, er nahm einen elektrischen Haarschneider,
und keine zwei Minuten später lag der Stolz meiner
späten Jugend lockig auf dem Boden.
„Zehn Dollar", sagte Ch'an, und das war der erste
und letzte Satz, den er an mich richtete.
Ich gab ihm das Geld und ging hinaus auf die Straße.
Irgendwie fühlte ich mich nackt. An einem Stand
mit Caps kaufte mir ein schickes Exemplar mit einer

Menge Schriftzeichen drauf. Ich fragte die Verkäuferin, was sie bedeuteten.

„Ein einfacher Zweig ist dem Vogel lieber als ein goldener Käfig", sagte sie.

Auf meinem Weg Richtung South Market kam ich an einer Manufaktur für Glückskekse vorbei. Manufaktur klingt ein wenig abgehoben, denn drinnen ratterten uralte Maschinen, und nirgendwo kauerte ein Dichter, um dem Gebäck weise Worte einzuhauchen. Eine Frau stürmte aus den Tiefen des Raumes auf mich zu und fragte mit schriller Stimme nach dem Begehr. Sie sei die Managerin, ob ich eine Bestellung aufgeben wollte? Wollte ich nicht, sondern nur gucken. Gucken ist nicht, gab sie mir zu verstehen, alle seien furchtbar beschäftigt. Dann drückte sie mir einen Keks in die Hand. Draußen brach ich ihn auf und las: *„A thrilling time is in your immediate future."* Da hatte ich es – die Mütze auf meinem Kopf beschwor den freien Vogel. Der Fortune Cookie in meiner Hand wies auf spannende Zeiten hin. Konnte es Besseres geben? Beschwingt marschierte ich Richtung Fisherman's Wharf, dem Kai der Fischer. Eine Mischung aus Montmartre, dem alten Hafen von Marseille und Neapels Santa Lucia, tönte das schlaue Buch in meiner Tasche. Da wurde ein Menge *Old Europe* beschworen, und nichts davon ist wahr. Schließlich sind wir in Amerika, und deshalb auch der Fisherman's Wharf ein Abklatsch von Disneyland. Das musste ich heute nicht haben, und machte einen Bogen um das Viertel.

Städte am Meer lassen sich auf Schusters Rappen am besten erkunden, und San Francisco macht keine Ausnahme. Ich kam an Fort Mason vorbei und ging Richtung Presidio, dem ehemaligen Hauptquartier

der Sechsten US-Armee. Schöner kann ein Hauptquartier nicht liegen, kein Wunder, machte das Sol-
datenspielen Spaß. Zwar soll es im Presidio mitunter
rauh zugegangen sein, das behauptet zumindest der
gleichnamige Film mit Sean Connery und Meg Ryan.
Ob das allerdings der Grund war, weshalb man nach
219 Jahren Militärgeschichte im Jahr 1995 die Pforten
schloss, konnte mir keiner sagen.

Vom Presidio stiefelte ich Meile für Meile bergauf
und bergab, immer an der Küste entlang. Hier zu
wohnen, zumindest für eine Zeitlang, würde auch
den Nomaden locken. Schiffe glitten unter der Golden Gate Brücke hindurch, mit etwas Glück konnte
man vom Gartenstuhl aus Wale und Delfine beobachten. Manchmal wurde ich zu Umwegen gezwungen, denn wie überall auf der Welt hatte auch hier die
Brut der Schlägerschwinger die schönsten Plätze ok-
kupiert. Ich sah sie in kleinen Wägelchen übers Grün
preschen und wünschte ihnen Maulwurflöcher und
Wombathöhlen auf den Hals. Sie bedankten sich auf
ihre Art und feuerten ihre Golfbälle nach mir.

Ein paar Meilen weiter stieß ich auf die Straße „La Playa". *Hombre!* Endlich ein spanischer Name. Schließlich war es der Mallorquiner Pater Junipero Serra gewesen, der im Jahre des Herrn 1776 die Mission *San
Francisco de Asis* gegründet hatte. Was ist von den
spanischen Vorfahren geblieben? Wenig kulturelle
Überreste aus der Vergangenheit, aber viel Zukunft.
Denn die neuen Junipero Serras strömen aus dem ka-
ribischen Raum nach Kalifornien, und stellen mittlerweile die größte Einwanderungsgruppe dar. Nach
und nach läuft Spanisch dem Englischen den Rang
ab. Überall werden *Spenglisch*-Kurse angeboten, die
Hybridsprache der Immigranten. Außerdem gibts
spanische Fernsehsender, spanische Einkaufscenter,
und der Beweis, das eine Kultur daran ist, die Macht

an sich zu reißen, zweisprachige Straßenschilder. In Los Angeles hatte ich einen Mann mit zuviel Geld getroffen, der sich bei mir ausweinte, dass sein vielköpfiges Personal kein Wort Englisch sprach, während er kein Spanisch verstand. Ich heuchelte Betroffenheit und empfahl, selbst zu putzen.

Von La Playa bog ich in den Golden Gate Park ein, und sofort hatte ich das Blumenkindergefühl in mir. Wars nicht schön gewesen, damals, als wir noch von „Frieden schaffen ohne Waffen" träumten und uns in freier Liebe übten? Da habe ich zwar noch nicht mitgespielt, aber schön wars trotzdem. Als ob jemand für mich das Rad der Zeit zurückdrehen wollte, traf ich auf der Wiese am *Kezar Drive* eine Gruppe langhaariger Hippies mit umgeschnallten Gitarren. Die Frauen trugen Batikkleider und hatten Babies im Arm. Dazwischen kauerten auch eine Menge Leute, denen man ansah, dass eine langjährige Beziehung mit Heroin nicht gut für die Gesundheit ist. Das benachbarte Viertel heißt *Haight Ashbury*, und auch wenn dort längst der Tourismus die Sache übernommen hat, ein bisschen Authentizität ist geblieben. Die manifestiert sich vor allem im würzigen Geruch, der überall in der Luft liegt, und auch der Grund dafür ist, weshalb die Leute etwas langsamer gehen. In den Plattenläden sind noch immer die *local heroes* von gestern gefragt wie „Greatful Dead" und „Jefferson Airplane". Ich machte es mir auf der Wiese bequem, saugte an einer dicken Tüte, die justamente an mir vorbeiwanderte, und beantwortete die üblichen Fragen. *Black Forest, yes. Black Forest Cherry Cake, jummy.* Als ich im Gegenzug wissen wollte, wie die Lage sei, als friedensliebender Hippie in einem Land, welches offiziell im Krieg steht, stach ich in ein Wespennest. Der Mann, der als 43. Präsident dem Weißen Haus keine Ehre gebracht hatte, bekam noch einmal sein

Fett ab. Einige auf dem Index stehende Worte fielen, dann war die Vergangenheit abgehakt.

„Wirds jetzt besser?", wollte ich wissen. Da war sich die Runde uneins. Der Tenor war, dass Amerika schon viele Präsidenten gesehen hatte, die hoffnungsvoll anfingen, aber am Ende vom System gefressen wurden. Dafür sollte man gewappnet sein. Deshalb war man auf der Wiese am *Kezar Drive* stolz auf die politische Gegenkultur. San Francisco hatte unter Bush als erste Stadt der USA eine Bürgerbewegung initiiert, deren Ziel die Amtsenthebung des unglückseligen Texaners gewesen war. Innerhalb weniger Tage hatten 30000 Menschen die Petition unterschrieben.

Überhaupt war diese Bewegung, *Impeachment Movement* genannt, größer gewesen als in Europa wahrgenommen. Unter dem Motto „*George Bush and Dick Cheney have lied the nation into a war of aggression*"[3] hatte es zahllose Kundgebungen gegeben, von Miami / Florida bis North Pole / Alaska.

Auf solchen Veranstaltungen trugen die Leute T-Shirts mit der Aufschrift *Bush is over if you want it.* Unter Frauen besonders beliebt war die Variante: *The only bush I rely on is mine.*

Doch nicht allein das rettete ein bisschen Stolz hinüber ins 21. Jahrhundert, wo Hippies so exotisch sind wie Amish People oder Mennoniten.

„*The World Naked Gardening Day*", flüsterte mir meine Joint-Nachbarin ins Ohr, „den haben wir erfunden."

Das stimmt. In der Stadt am Golden Gate tat man eine Menge, um der Welt in Sachen *gardening without clothes* auf die Sprünge zu helfen. Jeden 3. Mai feiert man ausgiebig den „Tag der nackten Gartenarbeit".

---

3   *Die Lügen von Bush und Cheney trieben unsere Nation in den Krieg.*

Trotz der 5000 exotischen Pflanzen im Golden Gate Park, konnte ich keinen auf der Wiese am *Kezar Drive* dazu bewegen mir im Adam- oder Eva-Kostüm eine davon auszubuddeln. Vielleicht lags daran, dass kein 3. Mai war. Oder dass Dope rauchen und körperliche Arbeit nicht zueinander passen? Trotzdem ist *The World Naked Gardening Day* ganz schön populär geworden. Da wir alles bekommen, was man in Kalifornien erfindet – Frisbeescheiben, Surfbretter und der Brüllomat (ein Gerät, um Schallschutzkabinen zu testen) – müssen wir sicher nicht lange darauf warten, bis diese lustige Tätigkeit auch zwischen Garmisch und Flensburg hochgeschätzt wird.

Mit einem Zug aus der Tüte verabschiedete ich mich von den Hippies, wünschte ihnen ein ehrlich gemeintes *Strawberry Fields Forever*, und machte mich vom Acker. Wenn ich Hanif sehen wollte, musste ich mich sputen.

Vielleicht passten 100 Leute in den City Light Bookstore, oder, wenn keiner Körperkontakt scheute, 150. Als ich auftauchte, waren 300 schon drin, und weitere 300 wollten noch rein. Von irgendwo drang Hanifs Stimme an mein Ohr, oder jemand, der sich für Hanif ausgab, denn zu sehen war nichts. Das heißt, fast nichts. Neben mir stand eine Frau im sexy roten Lederkleid, und aus ihrem tiefen Ausschnitt lugte ein Hündchen.

„Nettes Plätzchen", sagte ich, und gebe in der Retrospektive zu, dass es bessere Sprüche gibt. Aber eingekreist von ein paar Hundert aufgebrachter Hanif-Fans, die wie ich viel Geld für das Ticket hingeblättert hatten, um jetzt zu erkennen, dass die Letzten das Leben bestraft, war es das Beste, das ich herausbringen konnte.

„Das ist Armistead", sagte die Schöne, „ich bin Moon."

So kann man heißen in Amerika. Nicht wie bei uns, Hans-Jürgen oder Babsi. Sondern Mond.

„Und das ist …", setzte Moon fort, und legte ihren Arm um ein weibliches Geschöpf, dass ebenso anmutig in Leder gekleidet war, aber in grün.

„Womöglich Sun?", riet ich.

Moon schaute überrascht drein. „Woher weißt du das?"

Just guessing ist ein prima Ausdruck in der amerikanischen Sprache, der auf alles passt, von ich-habe-wild-geraten bis das-ist-doch-klar.

„Just guessing", antwortete ich.

„Komischer Akzent", sagte Sun, „wo kommst du her?"

Ich stand Rede und Antwort. Black Forest blablabla. Moon und Sun kamen aus dem Eureka Valley, welches unter dem Namen Castro Viertel besser bekannt ist. Schließlich wissen alle, dass dort vor allem Schwule und Lesben leben. Das heißt, einer wusste es nicht, wie ein Sketch aus der Fernsehserie *The Simpsons* bewies, der im Castro gerne kolportiert wird. Darin freute sich der alte Fidel, dass die Amerikaner doch keine ganz schlechten Menschen seien. „Die haben ein Viertel nach mir benannt", sagt er. Da flüstert ihm ein Berater zu, dass dort aber nur Schwule wohnen, und Fidel fragt entsetzt: „WAS wohnt da?"

Er hätte nur vorbeikommen müssen. Wer Augen hat zu sehen, muss im Castro nicht raten, wer wen liebt. Zwischen Dutzenden von Gay Cafés, Gay Banken und Gay Läden spazieren gleichgeschlechtliche Paare durch die Gegend, und keiner zeigt mit dem Finger auf sie. Deshalb ist das Castro auch mein Lieblingsviertel. Hier muss man das Wort Toleranz nicht erst umständlich erklären. Moon und Sun fühlten sich ebenfalls wohl, und Armistead ganz sicher auch.

„Nach Armistead Maupin?", fragte ich.

Jetzt war Moon beeindruckt. „Für einen Deutschen weißt du viel", sagte sie. Das Vorurteil, welches da mitschwang, ließ ich unkommentiert. Aber die „Tales of the City" von Armistead Maupin hatte ich schon gelesen, bevor sie zwischen zwei Buchdeckeln gepresst wurden. In den frühen Neunzigern druckte die Zeitung *San Francisco Chronicle* die Geschichten um Michael Tolliver und die Bewohner der Barbary Lane ab. Darin wimmelte es nur so vor Schwulen, Lesben und Transsexuellen. Es war anrührend und lustig, und gelernt hatte ich auch was. Irgendwann kamen die Geschichten als Bücher raus, und siehe da, sie verkauften sich 6 Millionen Mal und wurden in zehn Sprachen übersetzt.

„Weißt du, welche Straße der Barbary Lane als Vorbild diente?", fragte Moon.

Danke für die Steilvorlage. Wir neunmalklugen Deutschen wissen alles. „Macondray Lane", antwortete ich. Ich erwähnte nicht, dass sie um die Ecke meiner Absteige lag, eingepfercht zwischen Union und Green Street, und ich erst heute morgen durchmarschiert war.

In der Zwischenzeit war ein Angestellter des Ladens rausgekommen und tat kund, dass es morgen eine weitere Lesung gäbe, die Tickets behielten ihre Gültigkeit. Ich zog meines aus der Tasche und reichte es Moon.

„Vielleicht kennt ihr jemand, der Lust auf Londoner Schmuddelwettergeschichten hat", sagte ich. „Ich muss weiter."

„Wohin?", fragte sie und zog einen Schmollmund. Auch Sun sah enttäuscht aus, und selbst Armistead ließ die Zunge hängen.

„Sacramento", sagte ich. „Und dann Wyoming."

„Was willst du denn dort?", fragte Sun entsetzt. „Da ist doch nichts."

Déjà vu. Das ganze Leben ist ein *Déjà vu.*
„Komm lieber mit uns", sagte Moon. „Wir gehen auf
'ne heiße Party."
Aber so ist das Los des Nomaden. Man muss ge-
hen, wenns am Schönsten ist. Und manchmal, bevor
das Schönste passiert. Ich wünschte den Dreien viel
Spaß, heute auf der Party, morgen bei Hanif, und alle
Tage die da kommen werden in dieser wunderbaren
Stadt. Dann kehrte ich in meine Absteige zurück,
sagte den Kakerlaken gute Nacht, und konnte natür-
lich nicht einschlafen, weil eine Stimme in meinem
Kopf mich einen verdammten Idioten schimpfte.

Am Morgen war ich trotzdem früh auf den Beinen,
denn ich wollte noch heute die Berge sehen. Sobald
die Reifen meines Autos die Oakland Brücke be-
rührten, wusste ich, dass ich auf dem richtigen Gleis
war. Dessen Name war Highway Nr. 80, dem ich
von nun an, in großen Mäandern, bis an die Ostküste folgen würde. Mit seinen 4.666 Kilometer ist der
Highway der Zweitlängste Amerikas. Will man eine
ähnliche Entfernung in Europa zurücklegen, muss
man von Helsinki nach Istanbul brettern, dort den
Wagen wenden, und dann nochmals zurück nach
Budapest fahren.
Hinter der Brücke deckte ich mich im Mama Art Cafe
mit einem Dutzend Muffins und genug Kaffee für die
nächsten 300 Meilen ein. Ich fühlte mich gut – eben
ganz so, wie ich mich immer fühle, wenn ein langer,
langer Highway vor mir liegt.

Schnee im Juli

Eigentlich hatte ich geplant, in Sacramento einen längeren Aufenthalt einzulegen, aber das Wort „eigentlich" erweist sich auf Reisen als trügerisch. Ich wollte ein wenig dem Mythos Schwarzenegger nachspüren, schließlich ist Sacramento die Hauptstadt Kaliforniens, was mitunter so wenig bekannt ist wie die Sache mit Johann August Sutter. Dem war es 1839 in seiner Schweizer Heimat zu eng geworden, worauf er ins Gelobte Land aufbrach, und das Gebiet rund um Sacramento in Besitz nahm. Er nannte es forsch Neu-Helvetien und sich selbst titulierte er als General Sutter oder Kaiser von Kalifornien. Doch schon nach zwei Jahren war Schluss mit der Herrlichkeit, weil der Mexikanisch-Amerikanische Krieg ausbrach, und, für Sutter noch schlimmer, der Goldrausch. Die Goldsucher überrannten sein Land und scherten sich einen feuchten Nugget um irgendwelche Einwände. So kam es, dass die erste und letzte Schweizer Kolonie auf amerikanischen Boden wieder unterging, und erst ein Österreicher das Land zur neuen Blüte erwecken musste. Als Arnie zu Amt und Würden kam, war Sacramento nämlich ein ähnlich heißes Pflaster wie einst Bonn. Um 21 Uhr wurden die Gehsteige hochgeklappt, und die größte Attraktion war das Eisenbahnmuseum. Dann kam der Governator, und hatte keine Lust auf eine Schnarchzapfenhauptstadt. Also brachte er Schwung in den Laden, und ließ als erste Amtshandlung ein riesiges Partyzelt neben das Capitol stellen. Dorthin lud er Freunde und Feinde der Regierung ein, um das Zigärrchen des Friedens zu schmauchen. Seine Strategie ging tatsächlich auf. Es gelang Schwarzenegger, heillos zerstrittene Politiker an einen Tisch zu bringen, was in einem Staat mit so vielen ethnischen Kulturen wie Kalifornien durchaus Sinn macht. In der zweiten Amtszeit ist die Luft ein wenig raus. Das Zelt wurde eingemottet und Schwarzenegger pendelt per Privatjet zwischen Los Angeles und der wieder müde gewordenen Hauptstadt hin und her. Es ist also an der Zeit, dass ein abenteuerlustiger Schweizer das Ruder übernimmt, denn auch mich hielt es nicht lange in Kaliforniens Hauptstadt. Schließlich lockte Reno, die nach Las Vegas zweitgrößte Zockerkolonie im Westen, und davor ein Örtchen namens Weimar. Da wollte ich anhalten, um den amerikanischen Goethes, Schillers, Wielands und Herders zu huldigen, die ganz sicher alle mal dort gelebt hatten. Ich mach's kurz, weil's kurz war: Ich fuhr nach Weimar rein, blinzelte, und war schon wieder draußen. Auf dem Ortsschild stand: *Population 29.* Muss man mehr sagen? Ich gab Gas, denn die einarmige Banditen von Reno warteten.

Wenn man Stunde um Stunde Auto fährt, denkt man an die seltsamsten Dinge. Ich dachte an den Rubikon. Den musste Julius Cäsar 49 v.C. während des Bürgerkriegs gegen Gnaeus Pompeius Magnus überschreiten, was er mit den Worten *alea iacta est* auch tat, der Würfel ist gefallen. Seither gilt die Querung dieses Flusses als Metapher für unwiderrufliche Handlungen. Weil vor mir der amerikanische Rubicon lag, mehr ein Flüsschen als ein Fluss, und es plötzlich wie aus Kübeln schüttete, rief auch ich *alea iacta est,* bevor es über die Brücke ging. Schließlich soll man die Götter ehren, lautet eine goldene Regel der christlichen Seefahrt, und die hat auch auf amerikanischen Highways ihren Stellenwert. Hinter dem Rubicon kam der Ort Gold Run, da begann es zu hageln, dann hörte ich im Radio etwas, das wie „Schnee" klang, und lachte darüber. Schnee im Juli, guter Witz. Auf der Höhe von Crystal Spring graupelte es, und im Lake Tahoe National Forest lag Schnee auf den Baumspitzen.

Dann lag Schnee auf der Straße.

Vor allem aber lag Schnee im Graben, in den ich kurz darauf schlidderte. Ich schimpfte und kurbelte am Lenkrad, ich schimpfte und gab Gas, ich schimpfte noch mehr und tat alles zugleich, und auf einmal schoss das Auto heraus, drehte sich im Kreis und fuhr weiter, als sei das alles nichts gewesen. Wars auch nicht, denn von da an kam es richtig dicke. Weiße Flocken wirbelten vom Himmel, und am Donner Pass rutschte ich auf einer geschlossenen Schneedecke über die Passhöhe. Die lag in 2200 Meter Höhe, doch war das nicht der Grund, weshalb ich mich unwohl in meiner Haut fühlte. Das lag am Gedenken an die schlimmste Siedlerkatastrophe in der Geschichte Amerikas, die sich 1846 an dieser Stelle abgespielt hatte. In diesem Jahr war ein großer Treck unter der Führung der Gebrüder George und Jakob Donner von Fort Bridger im heutigen Wyoming in westliche Richtung aufgebrochen, trotz der Warnung des berühmtesten *Mountain Man* aller Zeiten, Jim Bridger. Mit Mühe überwanden die Siedler das Gebirge der Wasatchkette, kämpften sich durch die Großen Salzwüsten, ließen dort einen erschöpften Mann allein zurück, während ein zweiter im Streit erschossen wurde. Dann kam ein Schneesturm, dann noch einer, und schließlich der Donner Pass. Da hatten die Siedler schon längst ihre Transportochsen geschlachtet, weil die Vorräte aufgebraucht waren. Die ersten Leute starben an Entkräftigung und Hunger, als ein Blizzard die Überlebenden einschloss. Also begannen diese, die Toten zu essen. Am Ende schafften es ein paar Wenige auf die andere Seite des Passes, und denen musste man nichts mehr davon erzählen, zu was Menschen in Extremsituationen fähig sind.

Trotz Schneetreibens kletterte ich aus dem Auto. Ein paar Minuten wollte ich denen widmen, die Unglaubliches durchgemacht hatten, weil sie ein neues Leben in einem neuen Land beginnen wollten. Ich fragte mich einmal mehr, was uns immer wieder dazu treibt, den Rubicon zu überqueren, nur um einem Traum hinterherzuhecheln, der zu Elend und Tod führen kann. Da stand ich also, schlotternd im T-Shirt, und meine Gedanken wanderten von den Siedlern weg zu den Abertausenden afrikanischer Bootsflüchtlinge, die in ähnlich verzweifelter Lage noch weniger Hilfe erwarten können als die Trecks von damals. Wie immer fand ich auch auf dem Donner-Pass keine Antworten. Ein paar von uns sind Getriebene, die noch daran glauben, dass irgendwo auf der Erde das verlorene Paradies zu finden sei, oder zumindest Atlantis, El Dorado oder die Karfunkelstadt, der ich alten Sagen folgend im Schwarzwald nachspürte, und auch nie zu Gesicht bekam. Ich murmelte ein Gebet, das kam von selbst über meine Lippen, während die Autofahrer hupten, weil sie den ulkigen Schneemann am Wegesrand lustig fanden.

Dann stieg ich wieder ein. Und rutschte weiter.

Dreißig Kilometer hinter dem Donner-Pass überquerte ich auf trockenen Straßen im schönsten Sonnenschein die Grenze von Kalifornien und Nevada. Der Schneefall hatte hinter der Passhöhe aufgehört, doch wie man mir später in Reno versicherte, kamen in dieser Region überraschende Unwetter immer wieder vor, egal zu welcher Jahreszeit.

Reno selbst nennt sich „The Biggest Little City in the World". Wie in Las Vegas gab es Casinos, wie in Las Vegas gab es Leute, die auf Teufelkommraus ihr Geld los werden wollten und das auch noch Vergnügen nannten. Es gab billiges Essen, es gab teure Huren, es gab langweilige Shows, in denen Musiker wie Jonas von der großen Karriere träumten. Doch anders als in der Glitzerstadt lagen die Casinos nicht am Strip, was einen gewissen Charme mit sich bringt, sondern in der East 4th Street. Die hatte soviel Atmosphäre wie sie hieß. Trotzdem schaffte ich einen persönlichen Rekord von 8 Stunden und 43 Minuten ohne auszutreten vor dem Einarmigen Banditen. Noch Wochen später sah ich wirbelnde Glocke-Orange-Sieben-Kirsche-Kombinationen, sobald ich die Augen schloss. Dann hatte auch ich genug.

Wer einen Neuanfang nötig hat, geht am besten zur Autovermietung. Ich war bereit, und nahm mein Vehikel in Empfang, welches mich zur Ostküste bringen sollte. Nach einigen Kilometern taufte ich den Wagen „Gummiente", nicht nur Martin Penwald zu Ehren, sondern auch wegen den Fahreigenschaften der Hämorridenschaukel. Natürlich war es ein Wagen amerikanischer Bauart, und die Marke spare ich mir, es genügt zu wissen, dass sie mit „F" beginnt und mit „ord" endet. Da hinter Reno der Verkehr dünner wurde, und auf dem Highway genügend Platz war, schwamm ich in der Gummiente stillvergnügt durch eine Landschaft, die mit drei Worten gut beschrieben ist: Die große Öde.

Was muss das für ein Schock gewesen sein für die Einwanderer. Da hatten sie sich monatelang durch die Prärie gekämpft, ein paar Tausend Kilometer seit New York oder Chicago zurückgelegt, um mit einem Male vor den Rocky Mountains zu stehen, einem Gebirge mächtiger als die Alpen. Also raus mit Seil und Haken und die Ochsenkarren darüber gewuchtet. Doch anstatt dem gelobten Land warteten auf der anderen Seite Salzwüsten, Sandwüsten, Steinwüsten.

Noch heute leben in dieser Ecke der Vereinigten Staaten nur 0,7 Personen auf dem Quadratkilometer, und die meisten davon in dem Örtchen Winnemucca. Darum liegt ein menschenleeres Gebiet mit der gigantischen Fläche von 150000 Quadratkilometer – das ist, ihr eidgenössischen Abenteurer, mehr als die Schweiz, Belgien und die Niederlande zusammen.

Ich hielt in Winnemucca an, um zu tanken und mich mit Muffins und Kaffee zu versorgen. In den Zeiten des Wilden Westens waren auch Butch Cassidy und Sundance Kid durchgekommen, hatten die Bank ausgeräumt und deren Präsidenten ein paar Wochen später als Dankeschön ein Ölgemälde von sich selbst geschickt. In diesen Breiten legte man schon immer Wert auf ausgesuchte Höflichkeit. Ähnliche Geschichten hatte auch Elko zu bieten, das nächste Städtchen 200 Kilometer weiter. Hier ließen sich um 1860 Basken nieder, die auch eine gewisse Erfahrung darin haben, sich ihrer Haut zu erwehren. Trotzdem besteht die Geschichte des Westens nicht nur aus Pulverdampf. 1874 – da war Elko kaum mehr als eine Ansammlung von Bretterbuden – gründeten ein paar Weitsichtige die University of Nevada, und einige Jahre später war die erste High School des Staates an der Reihe. Für diese Entwicklung haben wir in Europa ein paar Jahrhunderte länger gebraucht. Also dachte ich, muss das doch ein gutes Plätzchen sein, um mein müdes Haupt aufs Kissen zu betten. Ich steuerte das erstbeste Motel an.

Es ist nie eine gute Idee, wenn man das erstbeste Motel ansteuert.

Land der Cowboys und Bigamisten

Ich betrat das Motelzimmer und stand im Regen. Ich weiß, es gibt Menschen, die haben einen Faible für Horrorfilme. Zu denen gehöre ich nicht, aber einmal schleppte mich eine Freundin zum Japanischen Horrorfilmfestival mit. Dort sahen wir uns einen Film an, in dem ein Monsterhaus die Hauptrolle spielte. Darin regnete es, was eine feuchte Angelegenheit war, zumal neben Wasser auch Blut aus Wänden und Decke drang. Das fand meine Freundin toll, und als sie mich fragte, ob wir nicht zusammenziehen sollten, sie hätte ein einsames Häuschen im finsteren Walde gefunden, ging ich auf eine lange Reise, die heute noch nicht zu Ende ist. Doch in Elko holte mich die Vergangenheit ein. Ich schaute den Motelmanager an, ich schaute zur Decke, wo die Sprinkler lustig rieselten, ich schaute wieder den Motelmanager an.

„Hier regnets", sagte ich.

„Haben Sie aber einen komischen Akzent", meinte er. „Darf ich fragen …"

Ich bin selten unhöflich. Jetzt war ichs. „Sie dürfen nicht", unterbrach ich. „Sie dürfen mir ein anderes Zimmer geben."

„Geht nicht", war die Antwort.

Das Gute an Motels ist, dass der Wagen bereits vor der Tür parkt. Man steigt ein und fährt weiter. Das wollte ich tun.

„Die anderen haben auch keine", rief mir der Manager hinterher. „Das liegt am Youth Rodeo Festival."

Ich zählte meine Optionen zusammen: Im Regenhaus bleiben. Eine weitere Nacht in oder außerhalb des Autos verbringen. Oder in einer der Ghosttowns der Umgebung wie Jarbidge, Jiggs oder Metropolis das Quartier mit den Gespenstern umgekommener

Goldschürfer zu teilen. Der Manager grinste, als ich meine Kreditkarte zückte. Dafür erklärte er sich bereit, nach diesem verdammten Ding zu schauen, das irgendwie kaputt gegangen wäre, obwohl das eigentlich nie vorkomme. Und wer sagts denn, zehn Minuten später war der Zimmermonsun vorbei. Ich öffnete Tür und Fenster, denn draußen hatte es noch immer 40° Grad, und ich hoffte auf baldige Trockenheit.

Also könnte ich ja schlafen gehen. Aber war da nicht von Rodeo die Rede gewesen? Ich selber kann Pferde nicht von Eseln unterscheiden, deshalb stand es außer Frage: Da musste ich hin.

Weshalb Rodeo im Westen so populär ist, und in Wyoming sogar als offizieller Sport des Staates die Nummernschilder der Autos ziert, ist nicht schwer zu erraten: Rodeo ist eine Cowboy-Sache, und dieser Beruf ist hier noch fast so weit verbreitet wie vor 100 Jahren. Wenn ein Cowboy nach getaner Arbeit genug von Rindern und Pferden hat, geht er zum Rodeo und beschäftigt sich mit Rindern und Pferden. Da gibt es verschiedene Disziplinen wie Bullenreiten oder das möglichst schnelle Einfangen eines Rindes mit dem Lasso.

Obwohl die Nacht nicht mehr jung war, ging es bei den Wettkämpfen noch voll zur Sache. Ich kam zu einem großen Gehege, in helles Flutlicht getaucht. Dort lehnte ich mich lässig ans Gatter, weil das alle taten, und wünschte mir einen Cowboyhut, den ich in den Nacken schieben könnte, weil das ebenfalls alle taten. Jemand feuerte einen Schuss ab, ein Gatter schwang auf und ein Kalb stürmte heraus. Hintendrein galoppierten zwei lassoschwingende Cowboys, die Schlingen flogen durch die Luft, die Pferde stoben auseinander, und dazwischen baumelte das Kalb, wie durch ein Wunder an Vorder- und Hinterläufen gefesselt.

„8,6 Sekunden für Vater und Sohn Carroll, das kann sich doch sehen lassen!", rief eine aufgetakelte Blondine ins Mikrofon, und die Leute klatschten Beifall. Dann knallte es wieder, das Gatter öffnete sich, ein Kalb stürmte heraus, dahinter zwei Cowboys ... ich sah mir die Sache eine Stunde lang an, bis mir klar wurde, größere Ereignisse waren hier nicht zu erwarten. Weil der Cowboyhutbesitzer neben mir vom Bullenreiten schwärmte, ging ich mit ihm hinüber zu den Ställen.

Er sagte, er heiße Ben, ich sagte, ich heiße Daniel, und dass ich fände, er habe einen komischen Akzent, wo er denn herkomme?

„Na, von hier", brummte er. „Aus Elko."

Damit war das Thema „komische Aussprache" vom Tisch, und ich freute mich wie ein Schneekönig.

Das Wort Bullenhitze muss beim Rodeo erfunden worden sein. Im Stall, der sinnigerweise aus Wellblech bestand, herrschten thermometersprengende Temperaturen. Was ein Grund war, warum jede Menge Leute jede Menge Bier trinken mussten. Nun kann man amerikanisches Gebräu hinsichtlich Inhaltstoffen und Alkoholgehalt nicht mit unserem vergleichen, trotzdem war schon genügend die Kehlen hinabgeflossen, denn eine Wand aus Gebrüll schlug mir entgegen. Wir kämpften uns nach vorne – Ben gab den Rat aus, Ellbogen einzusetzen und keine Rücksicht zu nehmen – und dann sah ich meinen ersten Bullenritt des Lebens, live und ungeschminkt. Ich bin ja auch kein Kostverächter, aber wer sich auf ein Tier wagt, welches aus einer Tonne Muskeln und Sehnen besteht und in der Lage ist, in alle vier Himmelsrichtungen zu springen, und zwar gleichzeitig, der verdient den Titel „Großmeister des Wahnsinns." In einem engen Gatter hievte sich der nächste Titelanwärter auf den Bullen, das Tor zum Ring flog auf, das Tier rannte hinaus, sprang in die Höhe, drehte sich wie ein Derwisch im Kreis, krümmte sich, bockte, und im selben Moment haute es den Reiter in den Dreck. Er rappelte sich auf und rannte um sein Leben. Das also war Bullenreiten. Ich dachte, härter kann's nicht kommen, aber ich sollte mich täuschen. Wir sahen eine Weile zu, und ich muss sagen, irgendwie war ich fasziniert. Zum größten Teil waren die Reiter junge Burschen, und als sich einer neben mich stellte, fragte ich, ob er Lust auf ein Bier hätte.

„Später", sagte er.

Also wartete ich auf später. Nach seinem letzten Ritt verzogen wir uns an die Bar, und ich gab einen aus. Dann stellte ich meine Fragen, und die Antworten waren kurz, aber akkurat. Er hieße Hatch, und war kein Mitglied der *American Junior Rodeo Association*. Das war von Bedeutung, weil er dadurch nicht an lukrativen Rodeos teilnehmen durfte, sondern mit seinen Kumpels von einem obskuren Wettbewerb zum anderen ziehen musste. Er nannte das Wanderdasein seine Bestimmung, und durchquerte die große Öde von Norden nach Süden und von Osten nach Westen. Mal bekam er hier ein kleines Preisgeld, mal dort.

„5000 Dollar im Jahr kommen zusammen. Das meiste geht drauf für Sprit. Der Rest fürs Saufen und die Weiber."

Ich wollte wissen, was ihn am Rodeo reizte.

„Der Kick", war die Antwort.

Der Lohn für den Kick – neben dem Geld – war: zweimal die Schulter gebrochen, ein Oberschenkelhalsbruch, x-mal die Hand entzwei, beide Knie kaputt, und heute hatte es wohl eine Rippe erwischt.

„Wie alt bist du?", fragte ich.

„23", sagte Hatch.

Ich gab noch einen aus, und Hatch sagte: „Wenn du Lust hast, wir gehen auf 'ne Party."

Zweimal sollte man nicht den gleichen Fehler machen. Also sagte ich, „klar hab' ich", und das stimmte auch. Ich war gespannt, wie Rodeoreiter feiern.

„The Cage" war die Kleinausgabe des Bullenrings. Zwei Kämpfer umkreisten sich, doch gab es kein langes Abtasten. Mit einem Mal prügelten sie mit bloßen Fäusten aufeinander ein wie bei einer zünftigen Festzeltschlägerei. Einer ging zu Boden, der andere sprang auf ihn drauf, während die Zuschauer wie Affen am Gitter des Käfigs hingen und aus Leibeskräften brüllten. Jemand stieß mir einen Ellbogen in die Seite, und ich sah mich einem Fotographen gegenüber, der versuchte, das Objektiv seines Apparates durchs Gitter zu zwängen.

„Sorry buddy", sagte er. „Bin von der Lokalzeitung."

„Das da", fragte ich ungläubig, „kommt in der Zeitung?"

„Natürlich", sagte er. „In The Elko Daily Free Press."

„Da will ich der Arbeit nicht im Wege stehen", sagte ich. Der Kampf war zu Ende, beide Fighter blutüberströmt. Ein Cowboy riss die Hand des Siegers hoch und reichte ihm einen Scheck.

„100 Dollar kriegen die", sagte Hatch ehrfürchtig. „Davon träumen wir nur."

Der Cowboy im Ring kündigte die nächste Runde an. Ich hatte auf einmal das Gefühl, dass ich den Rest der Nacht lieber in einem nassen Zimmer in einem nassen Bett verbringen wollte. Also gab ich Hatch die Hand und verabschiedete mich.

„Warum jetzt schon?", fragte er. „Wir gehen noch ins Puff."

„Anders Mal", antwortete ich, obwohl ich wusste, dass es kein anders Mal geben würde.

Dann fragte ich, wann sein nächster Rodeo sei.

„Morgen", antwortete er. „In Round Mountain."

Das war ein Kaff 500 Kilometer südlich von Elko. Den größten Teil der Strecke würde Hatch über *Dirt Roads*, also ungeteerte Straßen, zurücklegen müssen. Und das mit einer angeknacksten Rippe und nach einer Nacht, die noch lange nicht zu Ende war.

Apfelsaft gibt Jugend Kraft, heißt es ja, und vielleicht floss auch ab und zu davon durch Hatchs Kehle. Ich wünschte ihm Hals und Beinbruch, aber bitte nicht wörtlich nehmen, und kehrte zurück in mein Feuchtbiotop.

„This is the place", verkündete Brigham Young der Legende nach im Jahr 1847, und rammte seinen Wanderstock in den Salzsee, der ihn und seine Jünger auf einer gleißenden Fläche von ein paar Tausend Quadratkilometern umgab. „Hier bauen wir unsere Stadt!"

„Hurra!", riefen die Jünger, und damit ihre Motivation auch anhielt in den schweren Zeiten, die da kommen sollten, erlaubte ihnen der offizielle „Zweite Prophet der Kirche Jesu Christi der Heiligen der Letzten Tage", gleich mehrere Frauen zu ehelichen. Was nicht leicht war in diesen kargen Zeiten, denn unter Youngs 148-köpfiger Schar befanden sich 143 Männer, drei Frauen und zwei Kinder. Vielleicht wäre es andersherum klüger gewesen.

Das ist eine stark gekürzte Wiedergabe der Geschichte der Mormonen, des Mormonenstaates Utah, und der Mormonenhauptstadt Salt Lake City. Die Langversion der Geschichte ist nicht viel anders, nur länger.

Seit Elko fuhr ich durch eine Gegend, von der ich unter Eid schwören möchte, dass menschliches Leben unmöglich ist. Der Große Salzsee weist einen Natriumchloridgehalt von bis zu 25 Prozent auf. Links und rechts des Highways, der auf einem Damm schnurstracks über den See führte, blinkte es blutrot. Das waren keine Cage-Fights umgeben von fünf Millionen Tonnen Kochsalz, sondern Bakterien. Ausgerechnet an diesem unwirtlichen Ort hatten die Mormonen auf ihrer Flucht vor den Glaubenshäschern gesagt, jetzt sei Schluss. Bis hier und nicht weiter. Auch sie waren auf ihrem Weg in dieses noch zu Mexiko gehörende Gebiet durch Fort Bridger gekommen, und Brigham Young war sofort mit Jim Bridger zusammengerasselt. Da trafen zwei Alphatiere aufeinander, was einen nicht wundern muss, denn wer männlich war und „hinter der Grenze" überleben wollte, musste eines sein.

Die Oberalphatiere waren die *Mountain Men*. Sie gehörten zu den ersten Weißen, die in den Jagdgründen der Indianer in den heutigen Staaten Wyoming, Montana, South Dakota und Idaho lebten. Old Shatterhand und Old Surehand waren nicht darunter, aber Karl May hat sich von den Geschichten um Kit Carson, White Head Tom Fitzpatrick, Joe Meek und Jim Bridger inspirieren lassen. Bridger war der Berühmteste unter ihnen. 45 Jahre seines Lebens lebte er „hinter der Grenze". Im jugendlichen Alter von 24 erforschte er Wyoming und stieß als erster weißer Mann auf die versteinerten Bäume rund um Tower Junction im Yellowstone National Park.

„In versteinerten Bäumen sitzen versteinerte Vögel und singen versteinerte Lieder", erzählte er später Reportern aus Boston und New York, die seine Worte gierig aufnahmen.

„Go West!" war die Devise der Zeit. Millionen von Menschen strömten ins Land, der Osten der USA war bereits überbevölkert. Die Zeitungen überschlugen sich darin, den unbekannten Westen anzupreisen, doch vergaßen sie dabei zu erwähnen, dass das Land zwischen Sankt Louis und San Francisco bereits Besitzer hatte.

Die Indianer – oder *Native Americans*, wie man sie heute politisch korrekt nennt – lebten seit Urzeiten in diesem Gebiet, welches größer als Europa ist. Im 17. und 18. Jahrhundert lernten sie von spanischen Seefahrern den Gebrauch von Pferden kennen, die es zuvor auf dem nordamerikanischen Kontinent nicht gegeben hatte. Daraufhin krempelten einige Stämme ihre Lebensweise um. Sie wollten nicht länger halbnomadische Ackerbauern sein, sondern Jäger, die mit den riesigen Bisonherden wanderten. Dabei entstand auch die Tradition der *Warrior* – der furchtlosen und geschickten Indianerkrieger. Tatsächlich begannen berittene Stämme wie Comanchen und Lakotas, Verdrängungskriege gegen ihre Nachbarn zu führen. In der Epoche der *Mountain Men* zwischen 1820 und 1850 lagen die meisten Indianerstämme untereinander im Kriegszustand. Sioux kämpften gegen Cheyenne, Cheyenne gegen Rees, Rees gegen Snakes, jeder gegen jeden. Da die Stämme durch Verwandtschaftsbeziehungen zum gegenseitigen Beistand verpflichtet waren, wurde das Feuer ständig entfacht. Eigentlich glich der Zustand dem von Europa zur selben Zeit – mit dem Unterschied, dass die indianischen Stämme keine Staaten formten. Wie alle nomadischen Völker lehnten sie Obrigkeitsdenken ab. Selbst ein *Chief* war nicht mehr als der Sprecher der Kriegergemeinschaft. Seine Hauptfunktion bestand darin, Streitigkeiten zu schlichten und dafür zu sorgen, dass niemand hungern musste. Kein Häuptling hätte sich jemals zum Fürsten oder König aufgeschwungen. So war es am Ende das Unverständnis der Weißen gegenüber dieser nomadischen Gesellschaftsform, die zur Vernichtung der indianischen Kultur führte.

Die *Mountain Men* lebten dagegen gut mit der indianischen Freiheitsliebe, da sie selbst Nomaden waren.

Sie heirateten einheimische Frauen und verbrachten die Winter mit deren Familien. In den Lagern erhielten sie neue Namen – so gaben die Crows Jim Bridger den Namen „Blanket Chief". Dem weißen Establishment dagegen waren sie stets ein Dorn im Auge. Zwar benötigte die Regierung *Mountain Men* für Scoutdienste, strategische Ratschläge und Verhandlungen mit den Häuptlingen. Auch wenn er nie lesen und schreiben konnte, sprach Bridger Englisch, Spanisch, das damals übliche Grenzland-Französisch, und die Sprachen der Snake, Bannock, Crow, Flathead, Nez Percé, Ute, und Pend Oreille. Doch sah man die *Mountain Men* auch als eine Art verwahrloste Weiße an, bei denen man nicht sicher war, auf welcher Seite sie standen. Doch diese scherten sich wenig darum, was Uncle Sam zu ihrem Lebensstil zu sagen hatte. Einmal im Jahr trafen sie sich zum *Rendezvous*, einem Jahrmarkt in der Wildnis. Ein paar Hundert *Mountain Men* und mehrere Tausend Indianer campten drei Wochen lang am Ufer des Green River. Dort handelten und feierten sie, dass sich die Balken bogen. Beim *Rendezvous* wurden Biberfelle gegen Waren getauscht, es wurde gesoffen, gepokert und gekämpft, Reiterspiele und Schießwettbewerbe veranstaltet, gehurt und der allgegenwärtige Tripper mit Whiskyduschen behandelt. Aber man konnte auch galant sein: Während des *Rendezvous* von 1836 kreuzten zwei Damen auf, Narcissa Whitman und Eliza Spalding. Die beiden waren die ersten weißen Frauen, die den Kontinent von Ost nach West durchquerten. Indianer wie *Mountain Men* tanzten für sie, und Narcissa notierte in ihr Tagebuch: „Außer Farbe am Körper haben die meisten nichts getragen." Als ihr Ehemann Jim Bridger dann auch noch einen abgebrochenen Indianerpfeil aus dem Rücken operierte, kannte die Herzlichkeit keine Grenzen mehr. Ganz

anders empfanden zwei Jahre später vier Missio-
narinnen diese Gastfreundschaft. Myra Eels schrieb:
„Zwölf weiße Männer, angemalt wie Indianer, tanzten. Ich finde keine Worte für die schreckliche Szene.
Wie können zivilisierte Weiße nur so auftreten? Sie
müssen dem Teufel verfallen sein."
Da hätte ich es doch vorgezogen, in der Rolle von
Narcissa Whitman *Rendezvous* zu erleben, aber am
liebsten natürlich als Jim Bridger. Er rückte stets mit
einem Gefolge von über 300 Indianern an. Als ich das
erste Mal vor Ort war, entdeckte ich zu meiner Freude, dass das Dorf an der Mündung des Horse Creeks
in den Green River „Daniel" getauft worden war.
In ihrer Blütezeit galten für die *Mountain Men* nur eigene Gesetze. Der „Große Weiße Vater" in Washington hatte zwar einen „allumfassenden Frieden mit
den Indianern" erklärt, verlegte aber heimlich, still
und leise Truppen in den Westen. Frontoffiziere wie
General Patrick E. Connor ließen verlauten, jeden Indianer zu töten, der älter als 12 Jahre war. Die *Mountain Men* deuteten die Zeichen richtig: Der Westen, wie
sie ihn kannten, würde dem Druck der weißen Zivili-
sation nicht standhalten können. Als der Goldrausch
begann, brachen alle Dämme. Hunderttausende dran-
gen in die Jagdgründe der Indianer ein. Die Eisen-
bahnen zerschnitten die Migrationsrouten der Buffalos und brachten schießwütige Siedler ins Land. 1860
waren von zwei Millionen Bisons bis auf eine Herde
von 50 Tieren alle ausgerottet.
„Meilenweit liegen die Gebeine", schrieb ein Reporter der Zeitung Kansas Express. „In Waggons
gepackt, könnte man einen Zug füllen von San Francisco bis New York."
Damit war die Lebensgrundlage der Indianer zerstört.
Unter ihren Häuptlingen Tatanka Yotanka, bekannt
unter dem Namen Sitting Bull, sowie Crazy Horse,

Black Shield und Red Cloud, rüsteten sie zum letzten Gefecht. Auch wenn die damaligen US-Generäle Charles King, Anson Mill und Frederick W. Benteen sich darüber einig waren, „dass die Welt nie bessere Krieger gesehen hatte", und die Indianer „jede europäische Kavallerie ausstachen" – eine Chance hatten sie nie. Die überlegene Artillerie der weißen Soldaten, das neu erfundene Springfield-Allin-Repetiergewehr, Alkohol und eingeschleppte Krankheitserreger wie Windpocken, gegen die das indianische Immunsystem keine Abwehrkräfte kannte, sorgten für ihre Niederlage. Das Jahr 1866 sah noch den indianischen Sieg der Oglala unter Crazy Horse und der Minniconjou Sioux unter Black Shield gegen die Truppen von William J. Fetterman in der Schlacht bei Fort Phil Kearney. Am 25. Juni 1876 kam es zu einem weiteren Desaster der US-Armee am Ufer des Little Big Horn, als der unbelehrbare General George Armstrong Custer in die Falle von Sitting Bull lief. Custer hatte sich schon als der kommende Präsident der USA gesehen und alle Warnungen seines Chiefscouts Bloody Knife vor der Übermacht der Sioux in den Wind geschlagen. Trotzdem war diese Niederlage der Wendepunkt des Krieges. Uncle Sam sandte jeden Blaurock in den Westen, dessen er habhaft werden konnte. 1890 massakrierte die 7. US-Kavallerie bei Wounded Knee 350 Sioux, vor allem Frauen und Kinder. Weitere Vernichtungsfeldzüge gegen die Indianer endeten mit deren Vertreibung in Reservate. Dort wurde Sitting Bull im selben Jahr von einem unbekannten Soldaten ermordet. Crazy Horse war schon 1877 in Fort Robinson vom Gefreiten William Gentiles hinterrücks mit einem Bajonett niedergestochen worden. Häuptling Red Cloud starb in der Verbannung im Pine Ridge Reservat in South Dakota. In gewisser Weise trugen die *Moutain Men* zu dieser Entwicklung bei. 1825 fand Jim Bridger den South Pass zwischen Wyoming und Utah, und schuf damit die erste Gesamtverbindung von Ost nach West. Über 300000 Siedler strömten über den Trail nach Kalifornien und Oregon, darunter die Donner-Brüder und die Mormonen um Brigham Young. Alle nutzten Fort Bridger, welches Jim zu ihrem Schutz erbaute, alle hörten auf seinen Rat, wenn auch manchmal nur mit halbem Ohr, denn auch sie hatten Vorurteile gegen die *Mountain Men*. Selbst Brigham Young machte keine Ausnahme. „I believe that Old Bridger is death on us", schrieb er seinen Jüngern ins Stammbuch. Er verdächtigte Jim, ihnen Snake-Indianer auf den Hals gehetzt zu haben. So trennten sich die Wege der beiden einflussreichsten weißen Männer im Wilden Westen in Streit und Zwietracht. Während die Mormonen begannen, mit unglaublichem Fleiß die Wüste urbar zu machen, kehrte Jim Bridger nach Kansas City zurück. Dort saß einer der größten amerikanischen Entdecker erblindet und vergessen in einem Häuschen vor den Toren der Stadt, während im fernen Deutschland ein Schriftsteller namens Karl May viele seiner Taten Old Shatterhand zuschrieb.

Es war später Nachmittag, als ich Salt Lake City erreichte. Wie ein fein geknüpfter Teppich lag die Stadt vor mir, während dahinter die jäh aufragende Kulisse der Rocky Mountains in die Höhe ragte. Brigham musste tatsächlich ein Visionär gewesen sein, denn *this is* wirklich und tatsächlich *the place*. Damals war die Region nichts weiter als endlose Wüste, umgeben vom salzigsten Wasser der Erde. Jetzt sah ich eine Stadt wie eine grüne Parklandschaft, großzügig angelegt, denn Platz war genug. Ich verspürte Lust, einige Zeit hier zu bleiben, auch wenn ich wusste, dass ich nirgends ein gepflegtes Pils bekommen würde, um Staub und Salz die Kehle runter zu spülen. Einen Harem zu haben,

darüber kann man sich mit den Mormonen verstän-
digen, aber einen Kasten Bier im Keller ist Tabu. Was
auch seine Vorteile hat. Eine Großstadt mit Alkohol-
verbot ist sicher, und Salt Lake City eine der wenigen
amerikanischen Städte ohne *No-Go-Areas*. Nach all
den Nächten im und neben dem Auto oder in Motel-
zimmern, die einem Swimmingpool glichen, gönnte
ich mir ein schickes Hotel mitten im Zentrum.

„Mit *Kingsize Bed*", orderte ich selbstbewusst an der
Rezeption.

Bettengröße ist im Land der unbegrenzten Möglichkeiten so eine Sache. Selbst in die schmalste Kammer
wird ein Bett gewuchtet, welches einer Durchschnitts-
familie mit Hund Platz bietet. Nach oben – besser
gesagt, in die Breite – stehen alle Möglichkeiten offen.
Ein *Twin Bed* ist nicht für zwei Leute gedacht, sondern
für vier. So eines hat vermutlich den englischen Lime-
rick-König William Cosmo Monkhouse inspiriert, als
er über Trigamy dichtete:

There was an old fellow of Lyme
Who lived with tree wives at one time.
When asked, "Why the third?"
He replied "One's absurd,
And bigamy, Sir, is a crime."[1]

Queensize bezeichnet ein Bett für die gesamte Deutsche Fußballnationalmannschaft mit Betreuern, und

---

1   *Ein Limerick zu übersetzen ist der Versuch, mit drei Promil-*
len auf einer weißen Linie zu balancieren. Und weil schon
Walter Moers schrieb, wenn sich's nicht reimen will, „der
Dichter, der Dichter, der kriegt eins auf die Lichter", wird
auch mir das wohl bald blühen.

    Da gab's einen Kerl in Münde
    Der hatte drei Frauen als Pfründe
    Man fragte ihn, „warum drei?"
    Sagte er, „ist doch besser als zwei,
    denn Bigamie, mein Herr, wär' 'ne Sünde."

Kingsize wurde extra für Rulon T. Jeffs erfunden, der bis 2002 Oberhäuptling der Fundamentalistischen Kirche Jesus Christus der Heiligen der Letzten Tage war. Von ihm wird berichtet, zum Zeitpunkt seines Todes im biblischen Alter von 92 Jahren Ehemann von 75 Frauen gewesen zu sein, mit denen er 65 Kinder hatte. Als er starb, bestimmte sich sein Sohn Warren zum neuen Chef, und heiratete die Frauen seines Vaters. Recht so. Bei uns im Schwarzwald würde man sagen, „so bleibt's in d' Familie." Was ich in einem *Kingsize*-Bett zu suchen hatte, wird ein ewiges Rätsel bleiben, aber eines sei verraten, rausfallen kann man nicht. Nach dieser Entdeckung machte ich mich auf in die Stadt, schaute mir die übriggebliebenen Blockhäuser der Mormonen aus den Gründerzeiten an – da ging es noch enger zu, für *Kingsize*-Betten wäre kein Platz gewesen – und natürlich machte ich dem Wahrzeichen des Staates am Temple Square meine Aufwartung: Fleißig wie sie sind, verliehen sich die Mormonen Bienenkörbe als Staatssymbol, und ich, deutscher Verwandter von Puh, dem Bären, kann diese Entscheidung nur billigen. Drei Tage schlenderte ich kreuz und quer durch Salt Lake City, dann zog ich ein Fazit: Hier konnte man es aushalten, auch wenn man in Treue zur einzigen Ehefrau stand. Als ich am vierten Morgen aus der Hoteltür trat, blinkten die Schneefelder der nahen Rocky Mountains so verführerisch zu mir herab, dass ich auf dem Absatz kehrt machte. Ich kündigte Zimmer samt *Kingsize*-Bett, stieg ins Auto, und hätte keine 10 Minuten später in den zweiten Gang zurückschalten müssen, wäre die Gummiente nicht mit Automatik ausgestattet gewesen. Die Straße wurde steiler und steiler, der Motor röhrte, und ich konnte an nichts anderes denken, als daran, wie es die Siedler geschafft hatten, diese Mauer aus Fels mit ihren Ochsenkarren zu überwinden.

Vom Barkeeper vollzogene Ehen verlieren zum Morgengrauen automatisch ihre Wirksamkeit

Gönnen wir uns 458 Buchstaben – stellvertretend für die Anzahl Berge, an denen ich vorüberfuhr – um die Rocky Mountains zu beschreiben:

Das Gebirge zieht sich über 5000 Kilometer von Kanada über die Vereinigten Staaten bis nach Mexiko. Einige Geologen sprechen davon, dass auch die Bergketten runter nach Feuerland mit dazu gehören. Wenig Streit gibt's bei der Höhe: Der Mount McKinley bringt es auf 6200 Meter, und 4000er bis 5000er gibt's in stattlicher Zahl. Gar keine Diskussion kommt auf, wenn's um die Schönheit geht. Atemberaubend ist ein Wort, das ich nicht gern benutze, aber hier hat es seine Berechtigung. Durch die Rocky Mountains zu fahren ist wie Kino im Superformat.

Zum Glück war ich allein im Auto, denn meine „Ahs!" und „Ohs!" hätten jeden Beifahrer in die Flucht getrieben. Aber ich konnte es nicht lassen. Alle paar Kilometer fuhr ich rechts ran, kletterte aus dem Auto, dann stiegen einige „Ahs!" und „Ohs!" in die Luft. In engen Tälern führte die Eisenbahnlinie am Highway entlang, und kam mir einer der gigantischen Güterzüge entgegen, mit vorne fünf Lokomotiven und hinten fünf Lokomotiven und dazwischen 100 Waggons in Doppelbauweise, kannte meine Begeisterung keine Grenzen.

Was ebenfalls keine Grenzen kannte, war das Gefühl der Freiheit. In den *Mountain States* im Westen der USA, zu denen Montana, Wyoming, Idaho und Colorado zählen, kann man vergessen, dass es da draußen eine andere Welt gibt. Alles ist weit weg, und dazu zählt vor allem Washington. Im Westen hat man die Dinge schon immer selbst in die Hand genommen, und in Wyoming ist man noch heute stolz darauf, der erste Staat in den USA gewesen zu sein, der Frauen die selben Rechte gab wie Männern. Das passierte 1869, für amerikanische Verhältnisse also vor Urzeiten. Wenig später schickte Wyoming die erste weibliche Abgeordnete ins US-Parlament, dann wurde die erste weibliche Friedensrichterin gewählt, und 1925 präsentierte sich mit Nellie Tayloe Ross die erste Gouverneurin eines Bundesstaates. Nur mal zum Vergleich: Im Schweizer Kanton Appenzell-Innerrhoden dürfen Frauen erst seit 1990 zur Wahlurne, und das auch nur, weil das Bundesgericht gegen den Willen der Mehrheit demokratische Basisrechte anmahnte. Man ist im Westen der USA also keineswegs hinterm Mond zu Hause, und äugt misstrauisch hinüber in den Osten, wo die Führungselite, die sogenannten WASPs, *White Anglo-Saxon Protestants*, ständig seltsame Dinge aushecken.

Eigentlich hatte ich vor, schnurstracks an den Green River zu fahren, doch ein Straßenschild stoppte mich. Es wies nach Süden, und ich dachte, warum nicht? Warum nicht einen 800-Kilometer-Abstecher machen, zu den mysteriösen Steingärten von Bryce Canyon? Ich schraubte die Kaffeekanne auf, schätzte den Inhalt gut für ein paar Stunden Fahrt. Zwei harte Muffins von vorgestern lagen bereit für hungrige Augenblicke. Ich machte einen verbotenen U-Turn, die Gummiente hoppelte folgsam über die Grasnarbe auf die Gegenspur, und an der nächsten Möglichkeit verließ ich den Highway. Von nun an lagen kaum befahrene Hinterlandstraßen vor mir. Heißa, Süden, ich komme.

Erosion, sagen die Wissenschaftler, schufen die tausendköpfigen Steinfiguren des Bryce Canyon, doch gähn, wer will das wissen? Viel lieber ist mir die indianische Sage der Paiute, in dem die To-when-an-ung-wa eine wesentliche Rolle spielen. Das waren Wesen, die alle möglichen Gestalten annehmen konnten, darunter auch menschliche. Als sie wieder einmal in voller Kriegsmontur zum Kampf ausrückten, wurde es den Coyoten der Gegend zu bunt. Flugs verwandelten sie die To-when-an-ung-wa in Felsen. Deshalb lautet der Name des Ortes bei den Paiute Angka-ku-wass-a-wits, was soviel wie rot angemalte Gesichter bedeutet. Klingt doch besser als Erosion. Und wäre es nicht schön, ein paar mächtige Coyoten zur Hand zu haben, wenn die Kriegstreiber unserer Zeit mal wieder auf dumme Gedanken kommen? Da hätten wir ganz schnell jede Menge neue Felsengärten zu bestaunen.

Der Weiße Mann fand erst 1850 seinen Weg in den Canyon, und es sollte nochmals 23 Jahre dauern, bis sich eine Gruppe Mormonen ansiedelte. Wie gerne würde ich eine Zeitreise unternehmen, um vor ihnen die abertausende bizarren Felsennadeln zu bewundern. Statt dessen war ich in meiner Epoche verankert, von unzähligen Gaffern umgeben, die sich von mir Gaffer dadurch unterschieden, dass sie nicht aus ihren Autos stiegen, weil man schöne Landschaften auch bei laufendem Motor ansehen kann. An klaren Tagen konnte man von hier den Berg „Mollys Nippel" erkennen, der seinen Namen von einem verliebten Siedler bekommen hatte. Heute war kein klarer Tag. Es war ein äußerst nebliger Tag. Nur war dieser Nebel kein Nebel sondern Smog, und der käme, sagte mir ein Ranger, von der Küste.

„Die ist aber weit entfernt", sagte ich.

„800 Meilen", war die Auskunft. Also rund 1300 Kilometer.

Was man vom Auto aus ebenfalls sehen konnte, war ein Schild, auf dem stand:

The air is precious to the red man, for all things share the same breath – the beast, the tree, the man, they all share the same breath.

Chief Seattle

Häuptling Seattle, oder Ts'ial-la-kum, gehörte zum Stamm der Suquamish Indianer, und war ein weiser Mann: „Die Luft ist kostbar für den Roten Mann, denn wir alle teilen die Luft: Tier, Bäume, Menschen."

Was nicht auf dem Schild steht, aber man schleunigst hinzufügen sollte, waren die nächsten beiden Sätze seiner Rede:

The white man does not seem to notice the air he breathes. Like a man dying on many days, he is numb to the stench.

„Doch der weiße Mann nimmt davon keine Notiz. Gefühllos und betäubt bemerkt er nichts vom Gestank. Er ist wie ein sterbender Mann."

Womit man in Amerika immer rechnen kann, ist die Tatsache, gleich hinterm Parkplatz die Freuden der Einsamkeit zu finden. So wars auch hier. Keine Muffinlänge vom Auto entfernt war ich allein auf weiter Flur. Am liebsten hätte ich die Nacht im Canyon verbracht, doch dagegen hatten die Ranger etwas einzuwenden. Zu Recht. Sonst bliebe vom Bryce Canyon gar nichts mehr von der Wildnis übrig, die den Mormonen Ebenezer Bryce 1875 zum Ausspruch verleitete:

A hell of a place to loose a cow.

Dem ist nichts hinzuzufügen.

Wenn ein Ort Buffalo heißt, dann erwarte ich schon was. Wenn er dazu in Wyoming liegt, also im Herzen des *Cowboy State – well, look at the people.* Tragen sie noch einen Colt Single Action 45 mm im Gürtel, bekannt unter dem zynischen Namen „Peacemaker"? War ich im Land von Winnetou und Old Shatterhand angelangt?

Seit zwei Stunden saß ich in Donna's Outpost, wo man den Kaffee in Riesenbehältern aus Styropor schlürfte. Seit zwei Stunden schaute ich mir die Gäste an, wie sie einen typischen Samstagmorgen in einem Städtchen des Westens verbrachten. Bisher hatte ich keine Cowboys entdecken können. Dann fuhr eine verdreckte Karre vor, halb Auto, halb Lastwagen. Ein Aufkleber prangte auf der Kühlerhaube. Darauf stand: *Jane Fonda – American Traitor Bitch.*

Moment Mal! Jane Fonda, die Tochter von Hollywoodgigant Henry Fonda? Oscarprämierte Schauspielerin, die in Filmen wie „Klute" und an der Seite von Jack Nicholson in „China Syndrom" brillierte? *Amercian Traitor Bitch*, das will ich mal sanft als „Verräterin an Amerika" übersetzen. War da was gewesen? Oh ja, da war was gewesen. Jane Fonda hatte während des Vietnamkriegs ihre Stimme für den Frieden erhoben. Sie reiste nach Hanoi, setzte sich auf eine Kanone des Vietkong, ließ sich fotografieren. Das war zuviel für die amerikanische Seele, die nach der internationalen Kritik an der letzten Verzweiflungsoffensive vor Kriegsende sehr empfindlich geworden war. Während dieser sogenannten „Operation Linebacker II" hatten die Militärs über die Weihnachtszeit elf Tage lang die Städte Haiphong und Hanoi bombardiert. Die Opfer waren ausschließlich Zivilisten gewesen. Kurze Zeit darauf musste Amerika in Paris seine militärische Niederlage besiegeln. Von da an legte sich Vietnam wie ein Trauma über die Gesellschaft. Die Suche nach den Schuldigen begann. Natürlich streuten sich nicht die verantwortlichen Politiker Asche aufs Haupt, sondern fanden rasch die wahren Verantwortlichen an ihrem Desaster: Die Fernsehteams vor Ort und die Friedensaktivisten zu Hause waren Schuld. Die hätten die Moral unterwandert, hieß es in der amerikanischen Version der Dolchstoßlegende. Große Teile der Bevölkerung glauben heute noch daran, so dass sich der Regisseur Francis Ford Coppola kürzlich gezwungen sah, in der neuen Version seines Films „Apocalypse Now Redux" diese zur Wahrheit gewordenen Lüge aufzugreifen. Ob's was genutzt hat, weiß ich nicht, denn noch immer werden Leute wie Jane Fonda gehasst. In zahlreichen Kasernen finden sich Plakate, darauf die Friedensaktivistin, aufgeknüpft an einem Telefonmast. Darunter steht: *That's how we treat a shit-for-brains twat.* Das übersetze ich jetzt nicht, weil es keine sanfte Version gibt. Die Dolchstoßlegende gab den Militärs im Irak den gewünschten Vorwand, den *embedded journalist* zu erfinden, dessen Berichterstattung von den Kriegsschauplätzen im Mittleren Osten so frei ist wie die eines nordkoreanischen Regimegegners.

Als die Fahrertür aufschwang, sah ich ein Paar Cowboystiefel. Ich sah Leder-Chaps, um die Hosenbeine geschlungen, mit denen man bis Memphis reiten konnte, ohne sich den Hintern wund zu scheuern. Tatsächlich, ein Halfter baumelte an der Seite, ob ein Peacemaker drin steckte, konnte ich nicht erkennen. Ich sah ein kariertes Hemd, ich sah eine Weste, ich sah einen breitrandigen Hut. Keine Frage, da kam ein waschechter Cowboy auf mich zu, und ausgerechnet dem wollte ich auf den Zahn fühlen: *Jane Fonda – American Traitor Bitch?*

Ich gab Donna ein Zeichen, sie schenkte nach. Das ist eines der vielen guten Dinge im Westen. Wer einmal Kaffee ordert, Cola oder einen Softdrink, bekommt nachgeschenkt bis zum Sankt-Nimmerleins-Tag. Ich wartete, bis der Cowboy bestellt hatte, dann ging ich rüber.

„Hi. I'm Daniel", sagte ich. „May I ask you something?"
Sein Gesicht war so wettergegerbt wie das von
Jim Bridger.
Er grinste.
„Howee", antwortete er. Ob ich mich nicht setzen
wollte? Ob ich schon gefrühstückt hätte? Wie immer
war die amerikanische Herzlichkeit überwältigend.
Und wie immer fragte ich mich: Warum könnt ihr
nicht die exportieren? In kaum einem anderen Land
der Welt trifft man auf so freundliche Menschen wie
in Amerika. Kaum geht der Amerikaner auf Reisen,
verliert er seine Nonchalance. Hm. Ob ein Ausreise-
verbot die Lösung ist?
„Ich bin Sam", sagte mein Gegenüber. Und überhaupt, er höre einen leichten Akzent. *Germany?* Sogar *Black Forest!* How nice, how wonderful! Es war,
als hätte ich einen Kumpel getroffen. Ich hatte keine
Ahnung, wie ich die Kurve kriegen sollte, bis Sam
von selbst das Thema anschnitt.
Er erzählte mir freimütig, dass heute ein beson-
derer Tag war. Heute kam sein Sohn Ted aus dem
Krieg zurück. Gott sei Dank gesund und mit allen
Gliedmaßen. Damit sei nicht zu rechnen gewesen.
Von den 36 Männern aus dem Ort, die im Irak dienen, waren fünf gefallen. Drei weitere kamen als
Krüppel zurück.
„Warum gehen die jungen Leute zur *Army*?", fragte ich.
„Arbeit ist ein rares Gut", antwortete Sam. „Entwe-
der du bist Farmer oder arbeitest für die Gasleute
oder gehst zum Militär."
Die Gasleute waren Unternehmen, die in den Bergen
Methangasquellen ausbeuteten. Viele Jahrzehnte
lang erfuhr Wyoming einen Ölboom, und Städte wie
Casper erlebten ihren zweiten Goldrausch. Dann
wurden Methangas zur großen Sache. Lukrativ war
das nur für Wenige.

„Die Sache ist die", sagte Sam, „dass die Farmer das Land besitzen, aber nicht, was unter dem Land ist. Die Mineralrechte gehören anderen Leuten. Die gehören wildfremden Leuten."

Damit sind die Probleme vorprogrammiert.

„Auf meiner Farm", sagte Sam, „spazieren tagaus, tagein die Leute der Gasunternehmen herum. Bauen Straßen, pumpen Methan, verseuchen mir Grund und Boden. Die werden reich, ich kriege die Ranch kaum über die Runden."

Vor allem im Nordosten von Wyoming ist die Förderung von Methangas eine der wenigen Möglichkeiten, Geld zu verdienen. Die riesigen Farmen sind noch immer überdüngt aus den Zeiten, als Hunderttausende Longhornrinder auf dem Weg von Texas in die Schlachthäuser von Chicago hier „geparkt" wurden. Die Ära der Viehbarone endete in einer eiskalten Winternacht im Jahr 1887. Hunderttausende Tiere weideten zwischen den Big Horn Mountains und dem North-Platte-River, als ein Monsterblizzard das Land mit einer meterhohen Schneeschicht zudeckte. Nach dem Sturm taute ein warmer Wind, den man in Wyoming *Chinook* nennt, die obere Schicht auf. Dann sank das Thermometer auf minus 36 Grad. Das Resultat war ein Land, das einem Gletscher glich. Alle Tiere kamen um, die Rinder-Barone waren auf einen Schlag erledigt.

Wyomingleute sind mit dieser Achterbahn des Schicksals vertraut: Auf den Goldrausch folgt die Flaute, auf den Rinderreichtum das Drama, auf den Ölboom der Niedergang, und jetzt war eben Methangas an der Reihe.

„Für uns heißt es", sagte Sam, „friss oder stirb."

Und das im wörtlichen Sinne. Sein Sohn Ted verließ mit 18 Jahren die Sheridan High School, mit 19 stand er in Bagdad. Er hatte nie zuvor ein anderes Land gesehen, wusste kaum was von der Welt. Die US-Armee setzt auf die Ahnungslosigkeit ihrer Rekruten. Wer nichts weiß, stellt keine Fragen.

„So ist Amerika", sagte Sam. „Mein Dad kam nach Vietnam, ich nach Nicaragua."

Ich zählte im Kopf zusammen. Mit 19 Jahren zogen die Männer aus Sam's Familie in den Krieg. Im selben Jahr bekamen ihre Frauen das erste Kind.

„Hat Ted auch schon Nachwuchs?" fragte ich.

„Oh ja", sagte Sam. In seinen Augen glänzte Groß-vaterstolz. „Heute wird er seinen Sohn das erste Mal sehen."

Ich fragte, was aus seinem Vater geworden war. Lange sagte Sam nichts. Dann sagte er: „Kam nicht zurück. Gilt als verschollen."

Dann erhob er sich und meinte, natürlich sei ich ein-geladen. Ich sah ihm die Sorge um seinen Sohn an. Vielleicht kam dieser körperlich unverwundet aus dem Krieg. Aber seelische Narben bleiben. Bis heu-te wurden bei über 10000 Heimkehrern PTSD fest-gestellt, *post-traumatic stress disorder*. In den Medien machte gerade ein Fall aus Chicago Schlagzeilen. Ein Soldat einer Artillerieeinheit war nach Hause ge-kommen. Er hatte sich zurückgezogen, seine Woh-nung nicht mehr verlassen. Nachts litt er unter Alp-träumen. Dabei gehörte er zu den Wenigen, die Hilfe bekamen. Das Veterans Affairs Hospital nahm sich seiner an, bis zum Tag, als er mit dem Schlachter-messer über seine Verlobte und deren Großmut-ter herfiel. Grund war ein Streit über Busfahrpläne gewesen. Über Busfahrpläne! Die Experten waren sich einig, dass es jeder Anlass hätte sein können. Sie nannten die Heimkehrer mit PTSD-Syndrom menschliche Zeitbomben.

Vielleicht war auch das der Grund, weshalb ich
mir die letzte Frage ersparte. Die nach Jane Fonda,
American Traitor Bitch. Irgendwie kannte ich die Antwort. Die Soldaten fühlten sich von allen im Stich gelassen. Belogen von der Regierung, geschmäht von
der Bevölkerung, schlug man in die Richtung, wo es
am einfachsten schien.

Gegen Abend machte ich mich auf die Suche nach
einer Unterkunft. In Buffalos Hauptstraße war kein
Mensch unterwegs. Eine einsame Fahne wehte im
Wind. Darauf war das Logo von Pepsi, darunter
stand: *Welcome back soldiers*. Ein Hotel reihte sich ans
andere, sie waren halbverfallen. Große Backstein-
kästen aus den glorreichen Zeiten der Rinderbarone.
Ich kam am Hotel Capitol vorbei, mit Brettern verna-
gelt, am Hotel Idlewild mit zerbrochener Glasfront.
Dahinter rauschte der Fluss Clear Creek durch die
Ortschaft. Und dann, oh Wunder: Im Hotel Occidental brannte Licht. Wenn ich Glück habe, dachte ich,
gibt's ja doch ein Zimmerchen für mich.
Ich hatte Glück. Ich bekam nicht nur ein Zimmer, ich
bekam das ganze Hotel. Ruth Warren, die Eigentü-
merin, drückte mir drei Schlüssel in die Hand: Einen
für die Haustür, einen für die Bar, und einen fürs
Bordell im hinteren Teil des Occidental. Das passiert
einem auch nicht alle Tage. Leider hatte das vormals
ruhmreichste *House of Queens* im Wilden Westen
längst die Segel gestrichen. Doch Ruth versicherte
mir, dass ich alles so vorfinden würde, wie es gewesen war. Wenn ich wollte, fügte sie hinzu, könnte ich
mich ins Bett einer der Prärie-Blumen legen.
Einer der Prärie-Blumen. Das sagte sie wirklich. Der
Westen kannte viele Euphemismen für die Damen
des horizontalen Gewerbes, denn obwohl man sich
amüsieren wollte, blieb man streng puritanisch:

Child of Venus war eine der Verniedlichungsformen, *Liberated Woman, Goldilocks, Lady of the Night, Pillow Partner, Shady Lady, Wayward Sister* eine Reihe anderer. Der Dollar rollte in den guten alten Tagen, denn Buffalo war der bevorzugte Vergnügungsort einer Reihe berühmter *Outlaws* wie Butch Cassidy und Sundance Kid. Ihre *Hole-in-the-Wall-Gang*, bekannt auch unter dem Namen Wilde Horde, machte regelmäßig Halt. Zwei der gefürchtetsten Killer ihrer Zeit, Tom Horn und Big Nose George Parrott, kippten ihren Whisky an der Bar des Occidental Hotels, wo ich jetzt als einsamer Gast Platz nahm. Wann hat man schon eine echte Westernbar ganz für sich alleine? Eine schottische McIntosh obendrein, mit geschwungenem Dach aus mundgeblasenem Glas? Darüber eine reich verzierte Holzdecke, in der 28 Einschusslöcher zu finden waren? Außerdem eine Auswahl von 40 Whiskysorten, zu denen Ruth mich freundlich ermunterte: „Help yourself." Danach sollte ich einfach Geld ins Kässchen werfen.

Ich füllte mir ein Glas und begab mich nach oben in die plüschigen Zimmer der Saloon Girls. Die waren klein, dafür waren die Betten groß. Mein Kennerblick schätzte sie auf Queensize. Sie trohnten auf vergoldeten Pfosten und sahen aus, als würden sie den stärksten Blizzard überstehen. Gewobene Paisleydecken, rot, grün oder blau kariert und jede Menge Kissen sorgten für Wildwestgemütlichkeit. Außerdem verfügte jedes Zimmer über ein Waschbecken, und ein Schild gab Auskunft über die strengen hygienischen Bordellregeln:

Baths 10 cents. Hot Water 15 cents. Assistance $ 5.00
Das gefiel mir. Noch besser war Regel Nummer Zwei:
Boot shine 5 cents. Otherwise no boots in bed.
Auch Regel Nummer Drei hatte ihre Berechtigung:

Marriages performed by bartenders are automatically annulled at sunrise[1].
Ich wanderte durch die stillen Räume und stellte mir vor, wie Martha Jane Canary Burke unter ihrem Pseudonym Calamity Jane hier den Cowboys zeigte, wo der Bartel den Most holte. Mit einigen der Prärie-Blumen war nicht gut Kirschen essen gewesen, und Calamity Jane gab ein leuchtendes Beispiel. Außer im käuflichen Gewerbe war sie als Scout, Scharfschützin und Ochsentreiberin tätig gewesen. Ein Foto im Salon zeigte sie im Cowboyoutfit, einen Patronengürtel umgeschnallt, das Gewehr zur Hand. Herausfordernd blickte sie in die Kamera. Ich glaube nicht, dass ein Greenhorn ihr das Wasser reichen konnte. Da musste schon jemand vom Kaliber eines Butch Cassidy zur Tür reinspazieren, mit seinem ganzen Charme und Draufgängertum.

Ob im Occidental in Buffalo, im Gracies in Hudson, in der OK-Bar in Rock Springs, dem Cozy Club in Caspar, dem Ritz Hotel in Thermopolis, oder im Cassie's in Cody: In diesen Zeiten tanzte in Wyomings Bordellen jede Nacht der Bär. In einem Zeitungsartikel der Lead Daily Call aus dem Jahr 1913 war zu lesen: „Es war kurz nach Mitternacht, als Madame DuFran's Tanzhalle von Schüssen aus einem 38 Kaliber Revolver erschüttert wurde. Eines ihrer Mädchen, Jessie

---

1 *Drei wunderbare Regeln, die zeigen, dass Moral und Anstand auch dort wichtig sind, wo man Moral und Anstand normalerweise verliert:*
Bad 10 Cents. Heißes Wasser 15 Cents. Hilfe dabei: 5 Dollar.
Stiefelputzen 5 Cents. Ungeputzte Stiefel sind im Bett nicht erlaubt.
Vom Barkeeper vollzogene Ehen verlieren zum Morgengrauen automatisch ihre Wirksamkeit.

Taylor, feuerte in die Menge, die sich um die Bar versammelt hatte ..." Im hinteren Teil des Bordelltrakts entdeckte ich eine kleine Wohnung. Es gab ein Schlafzimmer, ein Schreibzimmer, und ein Badezimmer mit freistehender Wanne auf geschwungenen Füßen. Hier hatte Owen Wister zwischen 1899 und 1902 seinen Roman „The Virginian" verfasst, der erste Millionenbestseller der Vereinigten Staaten. Geboren in Philadelphia, litt Wister in seiner Jugend unter seinen berühmten Eltern. Mama stammte aus Englands ältester Theaterfamilie, Papa hatte deutsche Wurzeln und war ein berühmter Arzt. Auf Teufel-komm-raus wollte Klein-Owen Komponist werden. Er reiste auf eigene Faust nach Deutschland, um Franz Liszt seine Kompositionen vorzuspielen. Als aus der Musikerkarriere nichts wurde, setzte er sich frustriert in den Westen ab. Er kam nach Buffalo und fand im Bordell des Occidental eine neue Heimat – und schriftstellerischen Erfolg.

Ich nahm an seinem Schreibtisch Platz und dachte darüber nach, ob ich an ähnlichem Ort etwas zu Papier bringen könnte. Über solche Dinge sollte man auf einsamen Reisen nicht nachdenken. Jedenfalls kam ich zum Schluss, dass man mich wie Jonathan Swift an den Stuhl hätte fesseln müssen. In Gedenken an den schreibfaulen Autor von „Gullivers Reisen" ging ich hinab an die Bar, um dort auf jedes Schussloch in der Decke einen Whisky zu nehmen.

So war es durchaus verständlich, dass ich am nächsten Morgen beim Frühstück Kathys Frage nicht auf Anhieb verstand. Kathy war im Occidental für Würstchen und Speck verantwortlich, und für die okkulten Dinge des Lebens.

„Hast du das Gespenst gesehen?", wollte sie wissen, während sie mir Kaffee einschenkte.

Wahrscheinlich schaute ich sie an wie ein Gespenst.

„Das kleine Mädchen", half sie mir auf die Sprünge.
„Ohne Füße."
Eine durchzechte Nacht ist nie gut fürs Denkvermögen. Ich schwieg beharrlich. Kathy nicht.
„Was ist mit dem alten Mann?", sagte sie. „Der Bruder vom Typen, der 1920 das Hotel beim Pokern gewann? Hast du ihn getroffen?"
Um ehrlich zu sein, nein. Um ganz ehrlich zu sein, bedauerte ich das nicht die Bohne. Ich kenne „Shining" von Stephen King, wo ständig diese zwei toten Mädchen in den verlassenen Gängen eines Hotels auftauchen, indem sich ein Schriftsteller zurückgezogen hat. Trotzdem war meine Neugierde geweckt. Kathy setzte sich zu mir.
„Es war an meinem ersten Tag", erzählte sie. „Ich war in der Küche, da hörte ich etwas. Das heißt, eigentlich hörte ich nichts. Aber ich fühlte es. Ich drehte mich um, da stand das Mädchen. Sie hatte keine Füße. Ich habe geschrieen, das kannst du mir glauben. Ruth kam rübergerast und fragte, was ist denn los? Ich stammelte, da, da, ein Geist, aber da war niemand. Das Mädchen war verschwunden. Ach du Gütiger, dachte ich, du erzählst was vom Geist, da schmeißen die dich gleich wieder raus. Aber Ruth sagte, ach du meinst Sarah? Das ist ja seltsam. Die kommt sonst nie runter. Die bleibt lieber im zweiten Stock."
Kathy schaute mich mit großen Augen an. Nein, sie schaute mit großen Augen an mir vorbei. Stand da jemand hinter mir? Das kleine Mädchen? Der alte Mann? Ich widerstand der Versuchung mich umzudrehen.
„Sie war die Tochter einer der Huren", flüsterte Kathy. „Starb mit acht Jahren an Tuberkulose. Wenn du sie triffst, fragt sie nach ihrer Mama. Sie fragt immer nach ihrer Mama."
Damit erhob sie sich. „Es gibt Pancakes", sagte sie. „Willst du Cream und Sirup drauf?"

„Ja", sagte ich. „Und ein Kirschwässerle dazu. Oder besser gleich ein Doppeltes."

Doch das hörte sie nicht mehr. Plötzlich fiel mir alles wieder ein. War ich nicht zweimal aufgewacht und hatte kratzende Geräusche gehört? Und das seltsame Licht, das hin und her huschte wie eine Fata Morgana? Ich hatte es auf den Whisky geschoben, und darauf, dass ich nicht so trinkfest war wie Big Nose George Parrott. Aber auf einmal nagten Zweifel an mir. Das war keine Fata Morgana gewesen! Sondern Sarah! Der Bruder vom Pokerspieler! Und jedes andere Gespenst, welches das Occidental bevölkerte!

Wyoming blickt auf eine lange Geschichte von Geistern und Wesen aus der Schattenwelt zurück. Eine davon ist der *Medicine Wolf*. Nach den Überlieferungen einer Heilerin der Sioux, Uncage-wakan-win, ähnelt sein Heulen den Todesgesängen der Frauen ihres Stammes. Wer ihn hört, sei gewarnt: Das Heulen kündigt Katastrophen an.

Alles Hokuspokus? Jedenfalls nicht für Jim Bridger. Es war im Jahr 1865, als der *Mountain Man* Chefscout im Dienste von General Patrick E. Connor während dessen Powder River Expedition tief in die Jagdgründe der Sioux war. Die Soldaten lagerten am Lake De-Smet am Fuße der Bighorns, nicht weit von meinem Frühstückstisch entfernt, als Bridger das Geheul des *Medicine Wolf* hörte. Sofort weckte er den General und drängte ihn, das Lager abzubrechen. Für ihn, der Zeit seines Lebens in der Wildnis verbracht hatte, war es selbstverständlich, auf die Warnungen nichtmenschlicher Wesen zu hören. Für Connor war das alles „absurdes Geschwätz". Er hätte besser auf Bridger gehört: Kurze Zeit später wurde seine Einheit von Sioux-Kriegern nahezu aufgerieben. Die wenigen Überlebenden gerieten auf der Flucht in einen Blizzard, welcher das Thermometer auf minus

40 Grad fallen ließ. Kaum einer kam davon, Connor
selbst verlor danach seinen Rang als General. In seinen Berichten findet sich keinerlei Hinweis auf den
Medicine Wolf, doch sein Offizier, Captain H. E. Palmer,
berichtet darüber in „History of the Powder River
Expedition of the 11. Kansas Volunteer Corps."
Auch wenn mich die Versuchung reizte, eine weitere Nacht im Occidental zu verbringen, machte ich
mich nach einer Portion Pancakes ohne Kirschwässerle auf die Socken. Hinter Buffalo begann die Hü-
gellandschaft des uralten Jagdgebiets der Sioux und
Cheyenne, wo einst der *Medicine Wolf* heulte. Dort
zog es mich mächtig hin.

Nahezu ganz Wyoming liegt höher als 1200 Meter
über dem Meeresspiegel. Die Luft ist rein, das Licht
klar. Als ich den Highway Nr. 16 Richtung Ucross
einschlug, leuchteten mir die Bergketten in Grün
und Orange entgegen, darüber spannte sich ein
blauer Himmel. Verlockend schlängelten sich Flüs-
se durch die Täler, immer wieder zweigten schmale
Pfade vom Highway ab, verloren sich im Nirgendwo.
Als ein kleines Schild auf das unbefestigte Sträßchen
Nummer 176 wies, konnte ich mich nicht länger be-
herrschen. Sträßchen Nummer 176, wohin magst du
mich führen? Ich bog ab und folgte ihm, Meile um
Meile hinein ins Herz der Jagdgründe von Sioux und
Cheyenne. Mein Gefühl war zwiespältig. Auf der einen Seite war ich wie jeder Junge mit Indianer- und
Cowboyspielen aufgewachsen, und Winnetou hatte
einen bedeutenden Teil meiner Sozialisation übernommen. Auf der anderen Seite hatte ich die letzten
Jahrzehnte genug über die Historie der Indianer gelernt, um diese Pilcherisierung der Vergangenheit
länger ertragen zu können. Wenn man sich mit der
Eroberung des Westens durch den Weißen Mann

auseinandersetzt, kommen Old Shatterhand & Co nicht gut weg.

Die großen Indianerkriege auf dem Gebiet von Wyoming brachen im Jahr 1866 aus, als die Neuankömmlinge weitere Niederlassungen ins Jagdgebiet bauten. Davor hatten sich die Sioux kompromissbereit gezeigt, und bei den Verhandlungen in Fort Laramie 1851 sogar einen Friedensvertrag unterzeichnet. Doch die Errichtung von Fort McKinney in der Nähe von Buffalo und Fort Phil Kearny, keine 20 Kilometer weiter, brachten das Fass zum Überlaufen. Überliefert ist die Aussage von Häuptling Red Cloud, in dem er dem Weißen Mann vorwirft, er schreibe seine Verträge mit Wasser.

Ich parkte die Gummiente an einer Stelle, wo ein schmaler Trampelpfad bergauf führte. Die Erde glitzerte rot. Das war Klinker, der entsteht, wenn unterirdische Kohlelager sich entzünden und verbrennen. Viele Straßen und Wege im Hinterland Wyomings sind aus diesem Stein gebaut – rote Pfade, die sich durch grüne Berglandschaften ziehen.

Auch wenn es mir auf den ersten Blick so vorkam, war das Land nicht vulkanischen Ursprungs. Vielmehr bedeckte zu Urzeiten ein Ozean die Gegend, und als dieser verschwand, entstand durch Abtragung die typische Wild-West-Landschaft. Bergketten wechselten sich mit flachen Tälern ab, aus denen da und dort bizarr geformte Felsen ragten. Nur wenige Menschen leben hier; Wyoming ist der am spärlichsten besiedelte Staat der USA. Dafür fühlen sich Tiere wohl: Vor meinen Augen kreuzte ein Rudel Antilopen den Weg, ich sah Hirsche und Rehe, am Himmel schwebten Falken und sogar einige Golden Eagles. Deren Spannweite ist beeindruckend. Ganze Schafe kann ein Adler wegtragen, was dazu führt, dass besorgte Mütter ihre Kinder ins Haus holen, wenn das Wappentier Amerikas am Himmel kreist.

Auf dem Gipfel schweifte mein Blick über Hunderte von Kilometer hinweg in alle Himmelsrichtungen. Im Westen sah ich die schneebedeckten Gipfel der Big Horn Mountains, gen Osten reihte sich Hügelkette an Hügelkette. Das war der Blick, der Wyoming seinen Slogan verlieh: *High and wide.* Ich versuchte mir vorzustellen, was die ursprünglichen Besitzer des Landes gefühlt hatten, wenn sie hier oben standen, während Büffelherden durch die Täler zogen.

Ich stellte mir vor, welcher Zorn aufkam, als der Weiße Mann diese Büffel zum Spaß abknallte und das Fleisch verrotten ließ.

Ich fragte mich, was ich an ihrer Stelle getan hätte.

Unterhalb des Gipfels entdeckte ich einen Kreis aus Felsen. Wie ein Mini-Stonehenge hatte dieser *Teepee-Ring* Indianer vor Wind und Wetter geschützt. Jetzt war er mit dichtem Gras bewachsen. Ich trat ein, setzte mich. Und dachte, eigentlich bist du ganz schön müde. Sagte nicht schon Churchill, warum sitzen, wenn ich liegen kann?

Das tat ich, und war Sekunden später schon eingeschlafen. Als ich wieder erwachte, bemerkte ich drei Dinge: Es war spät geworden. Ich hatte einen Sonnenbrand. Vor mir lag eine Klapperschlange.

Gerade noch fühlte ich mich verpennt wie ein Murmeltier nach neun Monaten Winterschlaf, im nächsten Augenblick war ich hellwach. Wer im Schwarzwald aufgewachsen ist, weiß, was eine Schlange ist. Auf Bauernhöfen, wo es viele Ratten gibt, fühlen sich zum Beispiel Schwarze Vipern, eine giftige Verwandtschaft der Kreuzottern, wie zu Hause. Ich habe schon tonnenschwere Ochsen gesehen, die vom Biss der Schwarzen Viper in die Knie gingen. Auch Klapperschlangen gehören zu dieser großen Familie der

Vipern. Beim Biss drücken sie automatisch Gift aus den Drüsen. Um sich davor zu schützen, banden sich Indianer Haselsträucher um die Fußknöchel, weil Schlangen den Geruch dieser Pflanze nicht ertragen. Das alles fiel mir in einer Millisekunde ein, während das Adrenalin aus einem schlaftrunkenen Murmeltier einen hellwachen Krieger der Sioux machte. Die Klapperschlange richtete sich auf, rasselte mit dem Schwanz, was lauter war als ich jemals vermutet hätte. Ich dagegen war ganz leise, rutschte Zentimeter um Zentimeter aus ihrer Reichweite. Bergab, Richtung Auto, war ich dann richtig schnell. Was natürlich nicht an der Klapperschlange lag, sondern an der Verabredung, die ich beinahe verschlafen hatte.

Ucross, 25 Einwohner, stand auf dem Schild. Sicher vermutet hier kaum jemand eine der angesehensten Künstlerkolonien Amerikas. Vielleicht war das der Grund, weshalb sie sich im einsamen Wyoming angesiedelt hat, denn schließlich gehört „Arbeiten ohne gestört zu werden" zu ihren Grundprinzipien. Ich hatte trotzdem vor, ein wenig zu stören, aber ich kam nicht uneingeladen. Micah Garen hieß mein Gastgeber, der für ein paar Monate die Abgeschiedenheit von Ucross der Hektik von New York vorgezogen hatte. Dort hatte ich ihn und seine Frau Marie-Hélène kennen gelernt. Bis zum 13. August 2004 war das Ehepaar zwei von vielen engagierten Journalisten gewesen, die sich kritisch mit Amerikas Kriegen in Afghanistan und im Irak auseinander setzten.
„Damals gabs über mich 120 Google-Einträge", sagte Micah. „Zwei Tage später waren es 80000."
Wir hatten es uns in seinem Studio gemütlich gemacht. Das heißt, gemütlich ist das falsche Wort, denn überall standen Computer herum, Schnittgeräte und Kameras. Berge von Filmkassetten lagen auf dem Boden.

„160 Stunden Material", seufzte Micah. „Für 60 Minuten Dokumentarfilm."
Auf den Kassetten waren nie gesehene Bilder von Plünderungen in der südirakischen Stadt Nasiriyah, wo sich die wichtigsten archäologischen Stätten des Iraks befinden. Dort war Micah unterwegs gewesen, als ihn Anhänger der radikalen Schiitengruppe Moqtada al-Sadr zusammen mit seinem Übersetzer Amir Doshe entführten.
„Es war der letzte Aufnahmetag", sagte Micah. „Marie-Hélène war schon zurückgeflogen, um die Postproduktion vorzubereiten. Ich bin mit einem schlechten Gefühl aufgewacht, was damit zusammenhing, dass am Tag zuvor Soldaten der italienischen Koalitionstruppe ein Taxi beschossen hatten, in dem eine schwangere Frau mit ihrer Familie unterwegs ins Krankenhaus war. Bis auf den Fahrer kamen alle ums Leben. Aufruhr lag in der Luft."
Micah hatte Erfahrung mit solchen Situationen. Er war in Afghanistan gewesen, als die Taliban die aus dem 6. Jahrhundert stammenden Buddha-Statuen von Bamiyan zerstörten. Auch im Irak hatte er wiederholt gearbeitet, zuletzt 2003. Doch danach war etwas geschehen.
„Als ich wieder ins Land kam, war die Stimmung umgeschlagen. Davor hatten die Menschen Amerika gefeiert. Jetzt waren wir auf einmal Feinde. Wir mussten uns mit dem französischen Pass von Marie-Hélène durchschlagen."
Was auch nichts half. Als Marie-Hélène zuhause in New York ankam und CNN einschaltete, sah sie Schreckliches: Micah kniete auf dem Boden, dahinter standen ein Dutzend maskierter Männer mit AK 40-Gewehren und Granatwerfern.
„Gerade waren Nick Berg und Kim Sun-Il vor laufender Kamera geköpft worden", sagte Marie-Hélène.

„Ich weiß nicht mehr, was ich in diesem Augenblick empfand. Die Entführer forderten die USA auf, sich innerhalb von 48 Stunden aus der heiligen Stadt Nadjaf zurückzuziehen. Natürlich wusste ich, dass wird niemals passieren."

Marie-Hélène klemmte sich ans Telefon und startete eine Rettungsaktion, die ihresgleichen suchte.

„Die kommenden 10 Tage habe ich kaum mehr als zwei Stunden geschlafen", sagte sie. „Aber Micah gings nicht anders."

Hin- und hergerissen zwischen den Todesdrohungen seiner Entführer und der Hoffnung, freizukommen, vergingen für ihn endlose Tage.

„Wir waren die einzigen Journalisten in Nasiriyah gewesen", sagte Micah. „Ich konnte nicht mit ansehen, wie die 4000 Jahre alten sumerischen Gedenkstätten von Umma geplündert wurden. Der Archäologe Abdul-Amir Hamdani versuchte die Stätten zu schützen, und wir begleiteten ihn dabei."

Als das Ultimatum ablief, hatte Marie-Hélène eine Lawine losgetreten, die sie „grassroot"-Journalismus nannte.

„Zum Glück kannte ich die komplizierten politischen Verhältnisse der Region. Da gab es den religiösen Führer Moqtada al-Sadr und seine loyale Miliz, die Mahdi-Armee. Aber da waren auch jede Menge Splittergruppen, die alle auf sich aufmerksam machen wollten. Die Entführung von Ausländern, ganz besonders Amerikanern, war und ist das probate Mittel dazu. Deshalb sprach ich mit jedem, der Kontakt zu al-Sadr und den Splittergruppen hatte. *Grassroot* eben, an der Basis geführt."

Es ging darum, die Entführer zu überzeugen, dass Micah sich für ihr kulturelles Erbe einsetzte, und dass sein Tod keinesfalls das Ansehen brachte, welches sie sich erhofften.

„Micahs Schwester Eva", sagte Marie-Hélène, „trat im arabischen Fernsehsender Al-Jazeera auf, um die Botschaft an die richtigen Leute zu bringen. Während dieser Zeit schmiedete Micah Fluchtpläne."
Wir saßen noch immer um die Computer herum. Jetzt stand Micah auf und ging im Kreis wie ein gefangenes Tier. Die Erinnerung war zu stark.
„Ich wusste nicht, was vor sich ging", sagte er. „Amir und ich waren am Ende unserer Kräfte. Doch kurz vor der Flucht weigerte er sich, mitzukommen. Ihn alleine zurücklassen wollte ich nicht."
„Wahrscheinlich war es die bessere Entscheidung", warf Marie-Hélène ein. „Ein Teil der Entführer merkte, dass etwas nicht nach Plan lief. Sie wandten sich an Sheik Aws al-Khafaji, der für Moqtada al-Sadr die Region kontrollierte, und forderten Geld."
Geld war da. In wenigen Tagen hatte Marie-Hélène Zusagen über 10 Millionen Dollar zusammengebettelt.
„Wir haben für euch einen Spion gefangen, sagten sie zu al-Khafaji." Micah setzte sich wieder. „Wir verstehen nicht, warum ihr ihn nicht wollt. Er kostet Geld. Er isst. Für 12 Dollar hat er gegessen. Die wollen wir wieder haben."
„Wir hatten 10 Millionen Dollar", sagte Marie-Hélène, „und die wollten 12 Dollar. Dann kam Sheik Aws Antwort, und die war Nein. Zu teuer."
Ein Treppenwitz des Schicksals. Alles hing am seidenen Faden, als al-Sadr, trotz klarer Position gegen die amerikanische Besatzung, ein Machtwort sprach. Am 22. August wurden Micah und Amir freigelassen.
„Ich nehme an, du bist gleich nach New York geflogen?", fragte ich.
Jetzt lachte Micah. „Das war nochmals richtig schwierig", sagte er. „Die Frau am Ticketschalter wies mich

darauf hin, dass ich meinen Flug verpasst hätte. Ich bräuchte ein neues Ticket. Aber ich hatte keinen Cent in der Tasche."

Am Ende sprang das State Department ein. Micah und Marie-Hélène konnten sich einen Tag später am JFK-Flughafen in die Arme schließen.

Ich hatte vor meiner Abfahrt in Buffalo einen Abstecher zum *Bottle Store* gemacht. Die Flasche mit feinem kalifornischem Blubberwasser passte gut zum Anlass. Wir stießen an und tranken auf Marie-Hélènes Energie und Micahs Freiheit.

„Wart ihr wieder dort?", fragte ich.

Micah schüttelte den Kopf. „Mein Herz hängt an den Leuten, an den archäologischen Stätten, an deren Schutz", sagte er.

Er machte eine Pause. „Aber es geht nicht", fuhr er fort. „Es geht einfach nicht."

„Wie ist es", wollte ich wissen, „wenn man auf einmal Staatsfeind Nummer Eins ist?"

Er wusste, was ich meinte. Früher war man mit einem amerikanischen Pass um die Welt gereist, und fast überall herzlich willkommen. Unter Bush gab es viele Leute wie Micah, die lieber verschwiegen, wo sie herkamen – und das nicht nur im Irak.

„Schon beschissen", sagte er. „Aber wen wunderts? Schau mal."

Er knipste einen Computer an, und während dieser hochfuhr, erzählte er: „Ich filmte, wie am Weihnachtsabend 2003 die G-Truppe der Zweiten Brigade der Ersten Infanterie geschickt wurde, um Sahyeeb al-Duri festzunehmen. Den verdächtigte man, Kurier zwischen Saddam und dessen Nummer Sechs, Izat Ibrahim al Duri, gewesen zu sein."

Auf dem Computerscreen erschien das Bild eines amerikanischen Soldaten in einer Waffenkammer, der ein Gewehr in Empfang nimmt. Im Hintergrund läuft „Stille Nacht, heilige Nacht". Der GI lädt die Waffe durch und ruft: „Rock 'n' Roll!"

„Kommt mir bekannt vor", sagte ich.

„Aus Fahrenheit 9/11", sagte Micah. „Ich habe Michael das Material überlassen. Ausschnitte davon hat er für seinen Film verwendet."

Fahrenheit 9/11, der Dokumentarfilm von Michael Moore, beschäftigte sich mit den Folgen der Terrorangriffe des 11. Septembers 2001, und den seltsamen Geschäftsverbindungen der Familien von George W. Bush und Osama bin Laden. Dafür wurde der Film in Cannes mit der Goldenen Palme ausgezeichnet, und avancierte zu einem der erfolgreichsten Dokumentarfilme aller Zeiten.

Auf dem Screen sah ich, wie Micah den Kommandeur der Truppe interviewte, Captain Logan aus Baton Rouge, Louisiana. Der sprach darüber, dass jeder seiner Soldaten freiwillig hier wäre. Keiner sei gezwungen worden. In der nächsten Szene fuhren die Soldaten zum Einsatzort, während sie laute Rockmusik hörten. Es folgte die chaotische Festnahme des Verdächtigen. Türen wurden eingetreten, Frauen kreischten, Soldaten brüllten, man sieht Männer gefesselt am Boden liegen. Logan sprach in Micahs Kamera, dass Sahyeeb al-Duri schwere Verbrechen gegen die *Coalition Forces* begangen hätte, und weil er so eine große Nummer sei, wären jetzt alle glücklich, ihn endlich geschnappt zu haben.

„Another chip at the big rock", sagte er. Dann fuhren die Soldaten zurück in die Kaserne, während aus den Lautsprechern Lynryd Skynryd dröhnte, „Sweet Home Alabama". Das Ganze wirkte nicht wie „another chip at the big rock", sondern wie eine konfuse Aktion von Leuten, die nicht wissen, was sie tun. Genauso kam es auch in Fahrenheit 9/11 rüber.

Micah spulte das Band weiter. „Jetzt sieh dir an, was Fox daraus gemacht hat."

Es ist kein Geheimnis, dass die konservative *Fox Broadcasting Company*, Amerikas größter Fernsehsender, beste Beziehung zur Bush-Regierung pflegte.

„Ich weiß nicht, wie sie an das Material kamen", sagte Micah. „Aber sie haben es für ihre Zwecke benutzt."

Wieder erschien Logan mit seiner Truppe. Mit heroischer Hollywoodmusik untermalt, behauptete ein Sprecher, tapfere amerikanische Soldaten hätten soeben einen der wichtigsten Terroristen aus dem Verkehr gezogen. Von nun an könnte der Landsmann zuhause wieder gut schlafen. Der Film war umgeschnitten, der konfuse Eindruck verschwunden.

Ich verstand, was Micah meinte. Wer in Amerika die Medien beherrscht, beherrscht das Land. Die Zeiten, als zwei Reporter genügten, Bob Woodward und Carl Bernstein von der Washington Post, um im Alleingang mit der Aufdeckung des Watergate-Skandals eine korrupte Regierung zu stürzen, sind vorbei. Das war wirklich „another chip at the big rock" gewesen.

Marie-Hélène schlug vor, nach draußen zu gehen. Nahe des Studios flossen die Wasser des Clear Creek dem Powder River zu. Aus den Bergen hörten wir das Geheul von Kojoten, ansonsten war es still. Ich rief mir in Erinnerung, wie meine Amerikareisen vor dem 11. September gewesen waren. Da war es immer darum gegangen, die neuesten Errungenschaften aus dem Land der unbegrenzten Möglichkeiten kennen zu lernen, *fun* zu haben, und mit Leuten darüber zu diskutieren, welche Footballmannschaft dieses Jahr beim Superbowl die Nase vorn hatte.

Dann kam der 11. September, und es passierte, was der Schriftsteller Jonathan Franzen so beschrieb: „Wäre es nur die Angst gewesen, die unser Verhalten diktierte, hätten wir uns fragen müssen: Weshalb

ist es passiert, und was können wir tun, damit es nicht noch einmal geschieht. Stattdessen haben wir es uns leicht gemacht und gesagt: Der Muselmann muss weg! Erst nach der Katastrophe von Hurrikan Kathrina erwachten wir. Sie war der Wendepunkt. Danach begriffen alle, was für ein unfähiger Idiot Bush war. Und das unsere Staatsführung ganz in den Händen inkompetenter Leute lag."
In dieser Nacht sprachen wir noch lange darüber, welchen Weg Amerika in den nächsten Jahren einschlagen würde. Es dämmerte bereits, als wir ins Studio zurückkehrten. Der Nomade in mir war wieder unruhig. Da ich meinen Schönheitsschlaf bereits neben der Klapperschlange verrichtet hatte, verabschiedete ich mich mit einem letzten Becher Kaffees von Micah und Marie-Hélène. Ich wollte weiter Richtung Nordosten, zu einem der heiligsten Plätze der Prärie-Indianer. Die Kiowa nannten den Ort Mateo Tepee, das Tipi des Grizzly-Bären. Die weißen Einwanderer aus Europa tauften ihn „Devils Tower", Teufelsturm. Das Nichtverstehen anderer Kulturen hat in Amerika eine lange Tradition – und war aus Europa gekommen.

Im Schwarzwald gibt es zahlreiche Ortsnamen, die davon künden, welch rauhe Gegend das einmal gewesen war. „Sieh-dich-für", „Grausenloch", „Finsterer Teich" und „Höllental" können Geschichten erzählen, und auch der Teufel lauerte hinter jeder Tanne: Davon zeugen Teufelsmühle, Teufelsgrab, Teufelskamin, Teufelskanzel, Teufelsweg, oder auch der Höllkopf. In Wyoming dagegen verfolgten mich Ortsnamen, in denen ständig der Tod vorkam: Dead Head Creek, Dead Horse Creek, Dead Indian Pass, Dead Man Mountain, Dead Man's Bar, Dead Man's Canyon, Deadman's Cut, Dead Man's Point, Death Canyon Creek, und so ging es fort und fort. Bei Dead Man's Bar am Snake River schürften 1886 vier deutsche Abenteurer nach Gold. Als man kurz darauf drei von ihnen tot auffand, wurde Nummer Vier vor Gericht gestellt. Er stritt gar nicht ab, seine Kameraden getötet zu haben, berief sich aber auf „Selbstverteidigung" und spazierte als freier Mann aus dem Saal. Nie gefunden wurde auch der Mörder von Dead Man's Gulch, wo man ein Skelett entdeckte, mit vollständig erhaltenen Lederstiefeln an den Füßen. Deshalb war ich froh, endlich einen Ort zu erreichen, der einfach nur Ulm hieß. Naja, Ort – es handelte sich um drei Häuser an der Kreuzung einer ungeteerten Straße mit einer einsamen Eisenbahnstrecke. Früher hatte diese Metropole Alki geheißen. Nicht, weil man hier gerne einen pichelte – es gab nicht mal eine Baiz – sondern weil das Wasser alkalin war. Dann tauchte ein Eisenbahnbauer aus Ulm auf, übernahm die Station, und taufte den Ort von Alki auf Ulm um.

„In Ulm und um Ulm und um Ulm herum", übte ich die kommenden Stunden, während meine Augen den Horizont abscannten. Mateo Tepee ist schon aus 50 Kilometern Entfernung zu entdecken, einer der eindrucksvollsten Steinklötze dieser Erde. Seine geologische Geschichte begann vor 60 Millionen Jahren, als flüssige Magma im Untergrund abkühlte, und die Erosion im Anschluss das schuf, was heute in den Himmel ragt. Aber für alle, denen das zu unromantisch ist, hier die Entstehungsgeschichte der Kiowa-Indianer:

„Es war an einem schönen Sommertag, als acht Geschwister, sieben Mädchen und ein Junge, am Ufer des Belle Fourche Rivers spielten. Aus heiterem Himmel wurde der Junge vom Blitz getroffen. Er fiel auf seine Hände und Füße, zitterte am ganzen Leib ... und verwandelte sich in einen riesigen Bären. Seine Schwestern flohen vor dieser Erscheinung, doch der

Bär war schnell. Fast hätte er sie erreicht, als sie zum Stumpf eines großen Baumes kamen. Der sprach zu ihnen: Steigt auf mich, und als sie das taten, wuchs er in die Höhe. Der Bär begann, den Baum zu erklimmen, und mit seinen Krallen schuf er die Kratzspuren, die man heute noch sieht. Doch die Mädchen wurden in den Himmel gehoben und verwandelten sich in das Sternbild der Plejaden, die Sieben Schwestern. Der Baum aber versteinerte, und daher nennen wir ihn Mateo Tepee, das Tipi des Grizzly-Bären."

Bis 1875 gehörte Mateo Tepee zu den meist verehrten Orte der Indianer. Dann kam Colonel Richard Dogde mit einer Militärexpedition auf der Suche nach Gold in die Black Hills. Für ihn war Mateo Tepee der „Devils Tower", und der Name setzte sich so schnell durch, wie die ihm folgenden Goldsucher die Indianer vertrieben. 1893 erkletterten William Rogers und Williard Ripley mit Holzleitern, die sie im Jahr zuvor gefertigt hatten, den Berg. Tausende Leute schauten zu, und erfreuten sich an den Erfrischungen, welche die geschäftstüchtigen Ehefrauen der Klettermaxe reichten. Seither ist Devils Tower ein beliebter *climber's spot* geworden – mittlerweile wagen es über 5000 Bergsteiger pro Jahr, das Heiligtum mit Seil und Haken zu bezwingen. 102 Jahre nach Colonel Dogde gab Steven Spielberg Mateo Tepee einen Teil seiner Aura zurück, als er dort das Finale von „Unheimliche Begegnungen der Dritten Art" drehte. Wahrscheinlich kam er von allen Weißen dem Mythos des Berges am nächsten.

Ich hatte Glück. Der Parkplatz unten am Restaurant war nur mäßig gefüllt, der Parkplatz oben am Rangerhaus gänzlich leer. Zehn Minuten später befand ich mich auf dem Wanderweg, der rund um den Felsklotz führte. Über mir ragte der vom Monstergrizzlybär eingefurchte Berg vierhundert Meter in die Höhe, unter mir schlängelte sich der Belle Fourche River durch eine Landschaft, die zu atmen schien. Dann merkte ich, dass die großen Seufzer aus mir selbst kamen. Schon wieder ein Platz, der mich lockte, nie wieder in ein Auto zu steigen, nur weil Sundance rief, der Lincoln Highway rief, der endlose Mittlere Westen rief, die Großen Seen, Chicago, Washington und New York. Doch die Kraft des Nomaden siegte auch jetzt über den Magnetismus eines Ortes, und als ich nach fünf Stunden straffer Wanderung verschwitzt zur Gummiente zurückkehrte, nahm ich gerne Abschied von Mateo Tepee. Ich fuhr hinab nach Moorcroft, wo man den Kramladen bis 1893 in einem Zelt untergebracht hatte. Bis heute hatte sich nur Unwesentliches verändert, doch gab es eine Unterkunft mit festen Wänden, fließendem Wasser aus dem Hahn und nicht der Decke, sowie eine Bar, wo man Bier knapp überm Gefrierpunkt ausschenkte. Dort gab es auch zu essen, was es überall im Westen zu essen gibt: Hamburger satt.

Daran sind wir *Germans* schuld, denn von dort brachten Einwanderer Frikadelle & Co. in die Neue Welt, die sich schnell wie ein Virus ausbreiteten. Bald zogen Ochsenkarren durchs Land, von denen aus clevere Burschen wie Charlie Nagreen aus Seymour, Wisconsin, plattgehauene Fleischklöpse zwischen zwei Brotscheiben steckten und hungrigen Leuten verkauften. Nagreen spielte dabei auf der Maultrommel und sang:

„Hamburgers, hamburgers, hamburgers hot
Onion in the middle, pickle on top
Makes your lips go flippity flop."

Das bedeutet soviel wie, iss das Zeugs, und verabschiede dich für immer von deinen Geschmacksnerven. Aber den Leuten mundete es, und als 1885 die Brüder Frank und Charles Menches aus Akron,

Ohio, das Fleisch zerhackten, braunen Zucker, Kaffee und Gewürze darunter mischten und das Brot durch Sandwiches ersetzten, fehlte ihnen nur noch ein griffiger Name. Da sie sich, oh Zufall, gerade im Örtchen Hamburg im Bundesstaat New York befanden, hatte Frank einen unglaublichen Geistesblitz. Er kuckte seinen Bruder an, dann kuckte er sich ihr gemeinsames Werk an, dann sagte er: „Das ist ein Hamburger."

Dabei ist es geblieben. Damit die Welt diesen heroischen Tag niemals vergisst, feiert Akron, Ohio, jedes Jahr den „National Hamburger Day". Gut möglich, dass ich auf meinem Weg in den Osten Akron passierte, doch als ich jetzt vor meinen Teller saß, nahm ich mir vor, komme was wolle, einen Bogen um den Ort zu schlagen.

„Schmeckts etwa nicht?", fragte mich die Bedienung, die aussah wie Calamity Jane, und ich beeilte mich, „doch, prima, prima", zu sagen. Ich fügte hinzu, dass ich seit Tagen nichts Vergleichbares gegessen hätte, und das kam der Wahrheit sehr nahe.

„Komischer Akzent", war die Antwort, und ich rettete mich auf sicheres Terrain: *Germany, Black Forest, Black Forest Cherry Cake,* der übrigens ganz hervorragend zu Hamburger passen würde.

Von da an behandelte sie mich freundlich, denn schließlich kam ich aus dem Land, welches den Vereinigten Staaten von Amerika seine Hauptmahlzeit beschert hatte. Brav aß ich den Burger auf, die dazu gereichten frittierten Zwiebelringe, und sogar das Salatblättchen, welches sich auf mysteriöse Weise auf den Teller verirrt hatte. Dazu trank ich schwarzen Kaffee, und danach fühlte ich mich wie einer, der sich jederzeit in einen Grizzly-Bären verwandeln konnte. Deshalb zahlte ich – ein Mateo Tepee musste der Gegend genügen – und setzte meinen Weg fort.

Sundance sollte meine nächste Station sein. Dort hatten die Sioux ihre Sonnentänze durchgeführt, lange bevor ein junger Bursche namens Harry Longabaugh 18 Monate im örtlichen Gefängnis schmorte, um danach als Sundance Kid zu neuen Ehren zu kommen.

Zwanzig Kilometer vor Sundance überholten mich zwei Kerle auf Motorrädern. Sie sahen aus wie Peter Fonda und Dennis Hopper in Easy Rider. Augenblicklich hatte ich die Musik von Steppenwolf im Ohr:
Get your motor runnin'
head out on the highway
lookin' for adventure
and whatever comes our way.
My way kamen noch jede Menge langhaariger und langbärtiger Burschen, die auf abenteuerlich aussehenden Bikes an mir vorbei bretterten. Ich zählte 10, ich zählte 100, ich zählte 673, dann hörte ich auf zu zählen. Um mich röhrte der dumpfe Bass der Harleys, *I like smoke and lightning, heavy metal thunder,* und ich kurbelte die Scheibe der Gummiente runter und begrüßte die Rocker mit einem: *Born to be wild! Born to be wild!*
Habe ich schon erwähnt, dass ich den Westen liebe? So lief die Gummiente mit lautstarker Eskorte in den Hafen von Sundance ein. An der Tanke sprach ich einen der Zottelbärte an, ob was Besonderes anliege, weil ich wusste, dass Sundance zwar das jährliche Bikerfestival *Sturgis* zu feiern weiß, dieses aber zu anderen Zeiten stattfindet.
„Nö", war die Antwort, „nur 'n normaler Sonntagsausflug."
Die Biker kamen aus allen Ecken Wyomings, aus Montana, South und North Dakota, sogar aus dem fernen Nevada. Sie trafen sich in Sundance, um ein

Schwätzchen zu halten, ihre Bräute zu präsentieren – die Viel-PSigen ebenso wie die Zweibeinigen – und ein wenig durch die Gegend zu kutschieren. Alles, was zwei Räder hatte, versammelte sich in der Hauptstraße, die gleichzeitig auch einzig nennenswerte Straße von Sundance war. Gerade, als bei mir vom Röhren der Motoren Freund Tinnitus aufmuckte, traf ich auf Nat. Eigentlich hieß er Nathaniel, aber Nat war kürzer, was zu seiner maulfaulen Art passte. Dabei hatte er einiges zu erzählen, doch musste ich ihm die Würmer aus der Nase ziehen. Nicht einmal mein komischer Akzent war ihm mehr als ein bisschen Gebrummel wert. Dann sprach ich die Sache mit den Sonnentänzen der Sioux an, und auf einmal wurde er gesprächig. Hatte ich mich also doch nicht in ihm getäuscht.

„Vier Tage lang gings rund", sagte er voller Begeisterung. „Die Sioux, die Shoshonen, die Kiowa, alle hatten ihre eigene Art, die Sonne zu ehren. Gemeinsam war, einen Pfahl mit 'nem Büffelschädel drauf in die Mitte zu stellen. Drum kamen 12 kleinere Pfähle. In diesem Kreis wurden Kranke geheilt, während Frauen Trommeln schlugen und Männer sangen."

„Von welchem Stamm bist du?", fragte ich unvermittelt.

Er sah mich lange an. Dann sagte er: „Ich bin Sioux. Das war unser Land."

Bis der Geologe Horatio W. Ross im Jahr 1874 Gold entdeckte. Und zwar nicht ein paar Bröckelchen, sondern eine richtig fette Bonanza. Das brachte die amerikanische Regierung in eine Zwickmühle. Sechs Jahre zuvor hatte man den Sioux nach langen Verhandlungen das Land zugesprochen – jetzt wollte man es wieder haben. Uncle Sam bot 6 Millionen Dollar, oder eine jährliche Einnahme von 400000 Dollar. Die Sioux verlangten 600 Millionen Dollar und die Garantie der Regierung, ihre Nachkommen sieben Generationen lang mit Nahrung und Kleidung zu versorgen. Wenn die so drauf sind, sagte man sich daraufhin im State Capitol, nehmen wir uns das Land einfach. Gesagt, getan.

„Das war die damalige Variante von: Entweder ihr seid für uns oder gegen uns", sagte Nat.

Die Vertreibungen wurden General Custer anvertraut. Der veranstaltete ein paar Massaker, danach war das Problem vom Tisch. Seine Strafe folgte zwei Jahre später, als ihn Sitting Bull und Crazy Horse am Little Big Horn vernichtend schlugen. Doch für die Sioux der Black Hills kam dieser Sieg zu spät. Wer überlebt hatte, endete in Reservaten fern der Heimat.

„Was denkst du, wenn du heute durch die Gegend fährst?", fragte ich Nat.

Er musste nicht lange überlegen. „Dass Geld Freiheit niemals ersetzt. Das haben mittlerweile auch die Weißen kapiert. Mehr gibts nicht zu sagen."

Ich sah zu, wie er auf sein Motorrad stieg, und mit seinen Kumpels zur Stadt hinausfuhr. Ein paar Nachkommen der Indianer und ein paar Nachkommen der Goldsucher, auf der Suche nach einer Freiheit, die verloren gegangen war.

Born to be wild. Zumindest für ein paar Stunden während des Sonntagsausrittes nach Sundance, Wyoming.

Um beim Thema Freiheit zu bleiben, machte ich mich auf die Suche nach dem Gefängnis des Sundance Kid. Es sollte auch zu finden sein, aber nicht von mir. Mittlerweile schwurbelte mein Kopf vom Krach und Benzingestank, und irgendwie hatte ich das Gefühl, das meine Uhr in Sundance ablief. Jedenfalls war Harry Longabaugh hier eingesessen, und weil sich so ein Name kein Mensch merken kann, nannte man ihn der Einfachheit halber Sundance Kid. Da zog er bereits mit Butch Cassidy und der *Hole-in-the-Wall-Gang* um die Ecken. Und wusste nichts davon, dass Hollywood ihn und seinen Partner eines Tages lieben würde, weil es keine Beweise gab, ob sie im Laufe ihrer Verbrecherkarriere jemals Menschen umgebracht hatten. In diesem Glanz besungen, verliehen Paul Newman und Robert Redford den beiden im Film *Butch Cassidy and the Sundance Kid* ihre heroische Aura, die bis heute anhält, zumal Redford auch sein Filmfestival nach Harry benannte, *The Sundance Film Festival*. Durch ihre Robin-Hood-Art, nur von den Reichen zu stehlen, konnten sie in Zeiten der Not auf Freunde zählen. Das half Butch, als er eines Tages geschnappt wurde. Das Gericht sprach ihn frei, falls er die Gerichtskosten zahlen würde bei gleichzeitigem Schwur, in Wyoming keine Banken mehr auszurauben. Butch sagte, das sei für ihn kein Problem, ging rüber nach Montana, überfiel dort Banken, und bezahlte mit dem Geld seine Gerichtsschulden im Nachbarstaat.

Was aus ihm und Harry geworden ist, darüber stritten sich die Gelehrten. Irgendwann flohen sie nach Südamerika, als die Lage zu brenzlig wurde. In Bolivien soll Sundance Kid nach einem Überfall auf die Kasse eines Bergbauunternehmens von Soldaten getötet worden sein. Unsinn, meinen andere, er kehrte in die Staaten zurück, und lebte dort bis 1936 in Saus und Braus.

„Nix g'naues weiß man nit", sagt man im Schwarzwald, und das erst schafft den Mythos.

Ich sattelte meine Gummiente, gab ordentlich Sporen, und verließ Sundance mit einem letzten „Born to be wild!"

Das Gomorrah der Prärie

Irgendwie brachte mich die Straße nach Rawlins, wohin ich eigentlich gar nicht wollte, aber Zufall oder Schicksal, jetzt war ich hier. Was musste ich über die Stadt wissen? Von Rawlins aus begann der Goldrausch, welcher über die Black Hills kam wie eine biblische Strafe. Von hier fuhren die Züge der Union Pacific Railroad gen Westen, und daran hat sich bis heute nichts geändert. Rawlins und Umgebung ist das Equivalent einer Zeitreise: Orte, die aus kaum mehr als einer Tankstelle, ein paar Wohntrailern, einer Karaokebar, und, natürlich, einem Bahnhof bestehen.

Und aus einem Autofriedhof, der mir sofort ins Auge fiel. Schon sah man mich über rostige Überbleibsel einstiger Träume der Straße klettern. Da, ein Borgward! Hier, ein Packard Willys Four Wheel Drive! Ein VW-Käfer mit Brezelfenster! Und war dieser Schrotthaufen dort drüben nicht der erste Wagen, der bei Henry Ford vom Band gelaufen war? Ich verbrachte ein paar Stunden zwischen den alten Rostlauben, schraubte Nummernschilder ab, und fragte mich erst hinterher, was ich mit den Blechdingern anfangen sollte.

Dann suchte und fand ich ein Motel nahe der Straße. In dieser Ecke des Landes verlief die Interstate 80 auf einem Teil des berühmten Lincoln Highway. Das war die erste durchgehende Verbindung von der Ost- zur Westküste, 1913 erdacht und ausgeführt. Carl Fisher hieß der Visionär, und weil damals wie heute Straßenbau eine teure Angelegenheit war, ging er zu Henry Ford und fragte nach Geld. Lag ja nahe, schließlich sollte der Highway dem Autofahrer dienen. Henry Ford war ein cleverer Mann, dem Amerika die erste industrielle Autofertigung verdankte, ich die Gummiente, und die Welt die Erfindung des Wochenendes. Denn Ford kam auf die glorreiche Idee, dass seine Arbeiter das eigene Produkt nicht kaufen würden, wenn sie es nicht wenigstens zwei freie Tage lang benutzen konnten. So kamen die Fordarbeiter zum freien Wochenende. Andere Industriekapitäne zogen nach, weil, oh Wunder, die Verkaufszahlen von Automobilen in die Höhe schnellten.

Vielleicht steckte hinter Fords „Nein" zum Lincoln Highway der Gedanke, dass seine Arbeiter zwar fahren sollten, aber bittschön nicht zu weit weg vom Arbeitsplatz. Jedenfalls fand Carl Fisher bei Old Henry nicht die gewünschten Millionen, dafür bei anderen Autofreaks der Epoche. Frank Seiberling, Präsident von Goodyear, und Henry Joy, Präsident der Packard Motor Car Company, öffneten die Portokasse, und rechtzeitig zur Panama-Pacific-Ausstellung 1915 konnte die Fertigstellung des Highways von New York City nach San Francisco gefeiert werden.

Einige der Uraltkarossen, die in ewiger Ruhe auf dem Autofriedhof zu Rawlins gebettet waren, hatten diese Strecke sicherlich das eine oder andere Mal unter die Räder genommen. Wie auch Bruce Tona, der mittlerweile jeden Meter auf der Transkontinentalstrecke kannte, wie er mir in der Cafeteria des Cotton Tree Motels eine Stunde später feierlich mitteilte. Wir saßen am selben Tisch und kauten an Burgern.

„Ich fahr das Ding jeden Monat", sagte er zwischen zwei Bissen.

„Warum?", wollte ich wissen.

Zu einer befriedigenden Antwort sah sich Bruce nicht in der Lage.

„Keine Ahnung. Ich setz' mich einfach in die Karre, fahr los, und wenn ich drüben ankomme, dreh' ich um, fahr' zurück. Irgendwie machts Spaß."

Ein Forrest Gump auf Rädern. In der Verfilmung des Romans von Winston Groom spielt Tom Hanks den herzensguten Forrest, der ohne Grund drei Jahre von Ost nach West und von West nach Ost unterwegs ist.

Ich fragte Bruce, ob er sich unterwegs wie Forrest Gump fühle, und er antwortete, über so was denke er nicht nach. Autofahren sei für ihn wie Zen. Sein ohne Denken.

Das gefiel mir. „Sein ohne Denken" ist ein Zustand, der auf viele Verkehrsteilnehmer zutrifft.

Nach dem Essen sollst du ruhn, oder tausend Schritte tun. Oder zehntausend, wenn ein Burger schwer im Magen liegt. Zehntausend Schritte in Rawlins hatten ebenfalls Forrest-Gump-Qualitäten, denn damit durchquerte ich das Städtchen dreimal. Jedes Mal kam ich an einem Plakat vorbei, welches das „Carbon County Gathering of Cowboy Poets" anpries. Das klang verlockend: Cowboydichter, da wäre ich gerne mit dabei gewesen. Leider war das Plakat so alt wie die Autos auf dem Schrottplatz, und damit hieß es für mich am nächsten Morgen, raus aus den Federn und weiterfahren. Über Laramie, wo man in den Verhandlungen während der Indianerkriege die Stämme gleich mehrfach über den Tisch gezogen hatte, gings Richtung Cheyenne. Wieder einmal machte die Landschaft alles wett: Den Burgerklotz im Magen, die protestierenden Lendenwirbel nach bald 3000 Kilometer Fahrt, der sinkende Zuckerspiegel, weil mir die Muffins ausgegangen waren. Draußen aber zog ein Farbenrausch gewordenes Steinspektakel vorbei, welches sich Rock River County nannte, und dafür sorgte, dass mir immer wieder ein Satz einfiel, der so gar nichts für Nomaden ist: „This is the place!"

„This is the place" habe ich schon häufig auf meinen Reisen gemurmelt, gesagt oder gesungen, egal

auf welchem Kontinent. Und dabei aber immer gedacht, ganz sicher kommt noch etwas Schöneres, Ge-
waltigeres, Prächtigeres. Vielleicht reisen wir ja nur,
weil das Gras des Nachbarn grüner ist? Bei der Suche nach der Antwort bin ich jedenfalls ein heißer
Anwärter auf den „Bruce-Trona-Orden": Keine Ahnung, weshalb ich das tue. Irgendwie macht's Spaß.
Weil ich wusste, dass die Gegend nach Cheyenne
flach und flacher werden würde – manche sagen auch
öd und öder – genoss ich die Berge der Elk Mountains und die Fahrt über den Snowy Range Pass. Danach hieß es, Abschied von den Rocky Mountains zu
nehmen. Die Gummiente rollte die weiten Flanken
der Bergkette hinab, und schon konnte ich sie seh-
en: Die *rolling countries*, endloses Weideland, darauf
Abertausende schwarze Punkte. Hier und da schoss
Feuer in die Höhe. Rauch lag in der Luft. Das waren
nicht die Orkheere von Mordor, sondern Rinderher-
den, die den amerikanischen Verdauungstrakt mit
Hamburger füllen würden, beleuchtet von Flammen
der Erdgasraffinerien. Ab hier würde Bruder Steak
den Muffin als Hauptmahlzeit verdrängen, deshalb
hielt ich in Cheyenne an, um noch einmal etwas
anderes zwischen die Zähne zu kriegen. Im „Poor
Richard" wurde ich fündig. Ich gönnte mir Knob-
lauch-Muscheln – schließlich war ich alleine unterwegs –, dazu gegrillte Artischocken, *Penne Primavere*,
die fast so gut waren wie in Bella Italia, und einen
New Yorker Käsekuchen, der alleine drei Mahlzeiten
aufwog. Weil ich seit meiner Abfahrt in San Francisco weit und breit keinen Polizisten gesehen hatte,
bestellte ich einen Chardonnay vom Weingut des Re-
gisseurs des Paten, Francis Ford Coppola. Als ich das
Glas hob, um mit mir selbst anzustoßen, vernahm
ich Vito Corleones Stimme: „Ich mache dir ein Angebot, das du nicht abschlagen kannst."

„Ich höre", sagte ich, denn Angebote, die man nicht abschlagen kann, interessieren mich.

„Trink noch einen, und bleibe hier."

Ich hatte Einwände: „Das waren kaum 200 Kilometer seit Rawlins. Der Motor ist noch nicht mal warm."

„Hast du Tomaten auf den Ohren?", wetterte Vito. „Es ist ein Angebot, das du nicht abschlagen kannst."

Leg dich nicht mit dem Paten an. Also fragte ich nach, ob es im „Poor Richard" auch Zimmer gäbe, und die Antwort war nein, aber die Straße runter sei ein Motel. Dann wollte ich wissen, ob im Keller wenigstens noch von diesem Wein zu finden sei, und nun war die Antwort ja, man serviere ihn gerne.

Damit war alles gesagt. Der Rest des Tages gehörte Mister Coppolas Erzeugnissen.

Am nächsten Vormittag, nicht allzu früh, überquerte ich die Grenze von Wyoming und Nebraska. Das Land wurde grüner, der Verkehr dünner, der Highway schlechter. Ansonsten gabs nichts Nennenswertes festzuhalten. Ich beschäftigte mich damit, dass ich „in Ulm und um Ulm und um Ulm herum" vor mich hinsagte, und es am Ende des Tages auf die Rekordzeit von 2,83 Sekunden bei fehlerfreier Aussprache brachte. Es war schön, Sinnvolles getan zu haben, und so belohnte ich mich mit einer weiteren Kurzetappe, setzte vor Ogallala den Blinker, und ließ den Highway Highway sein. Wie konnte man an einem Ort vorbeifahren, an dem zwei gigantische Schilder Attraktionen versprachen: Der „Ogallala Livestock Auction Market", und die „Ogallala Bohnenfabrik". Im Örtchen angekommen, fand ich zielsicher Attraktion Nummer Drei: Einen echten Salon. Ich trat ein, und ein hübsches Mädchen namens Karen in knielangem Karorock und blickdichter Bluse begrüßte mich. Ich erwähne das Outfit aus gutem Grund, da Ogallala zu Wildwestzeiten seinen Ruf weg hatte. Man nannte das Städtchen schlicht und einfach „Gomorrah of the Plains", das Gomorrah der Prärie, und wie wir aus dem Alten Testament wissen, wo Gomorrah draufsteht, ist Sodom nicht weit. Neben Ogallala boten auch Orte wie Medicine Lodge in Kansas, Cody in Wyoming, Tombstone in Arizona – Slogan: *The Town too Tough to Die* – jede Menge sündhaftes Treiben. Aber Ogallala stach sie alle aus. Hier lag der wichtigste Verkehrsknotenpunkt der Epoche: Alle berühmten Siedlertrecks kamen durch, der Oregon Trail, der Mormon Trail und der Texas Trail. Die Union-Pacific-Eisenbahn stoppte, der Pony Express machte ebenfalls Halt. Klar, dass man sich kurz vor einen Marsch ins Unbekannte noch einmal amüsieren wollte, und so hielt der Engländer Malcolm Glear 1882 fest: „Zwei Drittel der Häuser sind Bars, Spielhöllen und Bordelle. Ein Kirchturm ist nirgends zu sehen." Vermutlich als Reminiszenz an die alten Zeiten trägt man heute mit Stolz einen Button auf der örtlichen Internetseite zur Schau, der zum „Verbrechen des Monats" führt. Butch Cassidy hätte seine Freude daran.

Karen empfahl mir ein Riesen Ribeye Steak, oder einen Hamburger der Sorte XXL, oder eine Kombination aus beidem.

Ich fragte sie, ob sie den Film „Supersize me!" gesehen habe, in dem sich Morgan Spurlock im Selbstversuch 30 Tage lang mit Fleischprodukten aus dem Hause McDonalds mästet. Selbst dann noch, als seine Leber bereits die Größe und Form eines Ribeye Steak angenommen hat und sein Arzt meint, jetzt solle er besser aufhören, wolle er seine Freundin noch zum Altar führen und nicht sie ihn auf den Friedhof.

„Supersize me?", fragte Karen. „Nie gehört."

Ich gab klein bei, bestellte die Kombination, bitte mit extra Pommes Frites. Ich sah ihr nach, wie sie in der Küche verschwand. Sie sah lecker aus, ehrlich, selbst im Karorock, und als sie wieder kam, schwankend mit einer Platte voll nahrhaftem Futter, fragte ich nach ihrem Geheimnis.

„Wie kann man in Ogallala so eine Traumfigur behalten?", wollte ich wissen.

Vermutlich übersetzte ich Traumfigur mit *dreamfigure*, was soviel Sinn macht wie mein Lieblingssatz aus dem Film „Apollo 13": *„You push a square peg into a round hole"* – du kannst keinen eckigen Zapfen in ein rundes Loch stecken, was in Amerika eine feststehende Redewendung ist, für etwas, das nicht funktionieren kann. Da aber der Übersetzer *pig* anstatt *peg* las, dichtete er munter: „Du musst das eckige Schwein durchs runde Loch schieben".

Doch George W. Bush hat ja Amerika mit seltsamen Reden geprimt, von „ich denke, wir sind uns darüber einig, dass die Vergangenheit vorbei ist", über „ich verstehe was vom Wachstum kleiner Betriebe, ich war selber einer", bis „wir behalten gute Beziehungen zu den Griechianern". Daher konnte mir Karen ohne Probleme folgen.

„Ich war gerade beim Daytona Beach Spring Break", lachte sie, „dort hatte ich jede Menge Bewegung."

Daytona liegt in Florida, und leider nicht auf meiner Route. Dort treffen sich Jahr für Jahr ein paar Hunderttausend Studenten, und hauen kräftig auf den Putz. Dabei wird so manches eckige Schwein … aber lassen wir das. Jedenfalls ist nach Karens Erfahrungen Daytona für die Studenten, was Ogallala in alten Zeiten für die Cowboys war: „Zünftiges Vergnügen zwischen sehr viel Arbeit."

Der Vergleich gefiel mir. Tatsächlich schuften amerikanische Studenten viel härter als ihre deutschen Kollegen. Das liegt schon an der quartalsmäßigen Aufteilung des Studienjahres, welches kaum Freizeit erlaubt. Dafür lässt das allgemeine Schulsystem ziemlich zu wünschen übrig. Noch immer verlässt jeder dritte Amerikaner die Schule ohne einen Abschluss.

„Daytona war also gut?", fragte ich.

„Super", sagte sie mit süffisantem Lächeln. „Vor allem die Wahl von Miss Big Tit und Mister Long John."

Vielleicht lags an ihrem Lächeln, vielleicht am Karorock, doch irgendwie fühlte ich mich auf einmal sehr gesprächig. Das ist bei mir nicht immer der Fall. Unterwegs kann ich Abende lang an einer Theke hocken und Löcher in die Luft starren. Ohnehin war ich nie der Meinung gewesen, dass viel Reden auch viel Segen ist. Aber Karen hatte Schwung, und als ich herausfand, dass sie hier geboren war, nutzte ich das schamlos aus. Schließlich erhielt Ogallala seinen Ruf als Gomorrah der Prärie auch deshalb, weil dieser winzige Punkt auf der Landkarte der wichtigste Hauptumschlagplatz für Vieh gewesen war. Selbst heute noch wird zweimal die Woche gehandelt, dass sich die Balken biegen. Weil aber die Zeit auch in Ogallala nicht stehen bleibt, heißt das neueste Schlagwort „Video Marketing."

„Mein Freund hat das erfunden", sagte Karen. „Er fährt über die Farmen, filmt die Rinder, stellt die Clips ins Internet. Das spart Käufern und Verkäufern Zeit und Geld, und den Tieren unnötige Transporte.

„Was kostet denn ein Schlachtbulle?", fragte ich.

Die Antwort kam wie aus der Pistole geschossen. „Zwischen 70 und 80 Dollar."

Ich verschluckte mich an meinem 20-Dollar-Steak. Karen bemerkte ebenfalls, dass ihre Auskunft nicht mit den Preisen auf der Speisekarte harmonierte. Doch war es nicht die ölscheichmäßige Gewinnspanne, welche der Herr Wirt auf die Mahlzeiten schlug, die mir zusetzte. Sondern die Tatsache, dass ein prächtiges Lebewesen wie ein Bulle nicht mehr wert sein sollte als ein paar Schachteln Marlboro.

In Minutenschnelle ändert sich das Morgenlicht im Tal des Todes.

Alte und neue Bauten, dazu eine reiche Kultur: San Franzisco zählt zurecht zu den schönsten Städten der Welt.

Ein Ort, nicht nur für Liebespärchen: Fort Baker am Fuß der Golden Gate Bridge.

„High and wide" ist der Slogan von Wyoming. Kein Wunder, bei dem Ausblick.

Toleranz? Nie gehört! Schild an einer Bar in Nevada.

Im Westen, wie in diesem Geschäft für Reiterbedarf in Nevada, hat der Cowboy-Beruf noch Zukunft.

Im einst berühmtesten Bordell des Wilden Westens durfte man die Stiefel im Bett anlassen, wenn sie frisch geputzt waren.

Der Journalist Micah Garen weiß, wie sich das Ansehen der Amerikaner weltweit änderte: Er wurde im Irak entführt.

Der heilige Berg vieler Indianerstämme wurde von den Weißen in „Devil's Tower" umbenannt.

Der Film „Supersize Me" hat reale Hintergründe. Zwei Drittel
der amerikanischen Bevölkerung leidet an Übergewicht.

7 Kilo Getreide müssen verfuttert werden, um ein Kilo
Fleisch zu produzieren. Hauptabnehmer sind die Fast-
food-Konzerne.

Noch immer finden in Ogallala große Viehmärkte statt.
Mehr und mehr verdrängt aber der Online-Verkauf
Auktionen vor Ort.

Die Highways sind die Lebensadern Amerikas. Darauf
wird alles transportiert.

So lebt es sich im Westen: in Baracken und Trailern, in the middle of nowhere.

Wo in Chicago Wolkenkratzer bis in den Himmel reichten, protestierten im 19. Jahrhundert deutsche Revolutionäre gegen die kapitalistische Ausbeutung.

Die Bush-Regierung schürte systematisch die Angst unter der Bevölkerung. So wurden auch unpopuläre Entscheidungen durchsetzbar.

New York kann man gut zu Fuß erkunden. Im Auto dagegen braucht man viel Zeit.

Manchmal aber ist New York auch so romantisch wie in einem Woody-Allen-Film.

Mike liebt sein Angelrevier am East River. Außer Fischen gibts die schönste Aussicht auf Manhattan.

Das einzige Opernhaus der Welt, in dem nie eine Oper
gespielt wurde.

„Es gibt noch immer kaum Vermischung", sagt die
afroamerikanische Schriftstellerin Emily Raboteau. Wenn,
dann auf Mode-Shootings wie hier in Brooklyn.

Nicht immer legte Autor Daniel Oliver Bachmann die
6000 Kilometer in so einem schnittigen Wagen zurück.
Doch in Detroit durfte er damit auf eine Rennstrecke.

Irgendwie hatte ich keinen Appetit mehr. Ich bezahlte, und spazierte hinaus auf die Weiden der Viehauktion. Im letzten Licht des Abends war nicht mehr zu erkennen als viele Zäune und ein paar Bretterbuden. Doch zum nächsten Markttag würden die Parkplätze gefüllt sein mit Aberhunderten von Transportern. Das Brüllen der Bullen würde sich mit den Anfeuerungsrufen der Auktionäre vermischen, wenn diese versuchten, den Preis von 70 auf 71 Dollar hochzutreiben.

Es gab eine Zeit, da war das noch anders gewesen. In den 30er Jahren, während der großen Depression, traf es den Mittleren Westen besonders hart. Die Wirtschaft lag am Boden, gleichzeitig schien sich der Wettergott gegen die Bauern verschworen zu haben. Mehrere Dürrejahre hintereinander machten aus der einst so fruchtbaren Landschaft etwas, das man landauf, landab *The Dust Bowl* nannte, die Staubschüssel. Weiter im Süden, in Oklahoma und Texas, sorgten „Black Blizzards" für turmhohe, Hunderte von Kilometer langen Staubstürme, die alles verschlangen, was sich ihnen in den Weg stellte. Es war ein menschgemachtes Desaster, weil im Wahn, immer größere Ernten einzufahren, über Jahre hinweg die Grasnarbe der Prärie systematisch zerstört wurde. Der Sänger Woodie Guthrie schuf aus der Umweltkatastrophe seine berühmten Songs, und wurde als „Dust Bowl Troubadour" bekannt. Einige Romane von John Steinbeck, wie „Von Mäusen und Menschen" oder „Die Früchte des Zorns", erzählen von diesen furchtbaren Zeiten.

Doch mit ihnen kam Ogallala erneut auf die Landkarte. Weniger das Städtchen über der Erde, als die Schätze, die darunter lagen. Die sind mit zwei Buchstaben und einer Zahl schnell umschrieben: H_2O: Wasser, wertvoller als Öl, Gold, und Edelsteine, vor allem, wenn man es nicht hat. Auf einmal aber hatte man es wieder, denn es steckte im *Ogallala Aquifer*, dem größten Grundwasserreservoir der Welt. Das erstreckt sich über acht Staaten, von South Dakota bis hinunter nach Texas. Das Zentrum dieses 450000 Quadratkilometer großen Tanks lag direkt unter meinen Füßen. Pro Jahr werden ihm 12 Billionen Kubikmeter Wasser entnommen, um den Durst von Mensch, Tier und Land zu stillen. Das ist soviel, wie 18 Colorado Rivers zusammen. Kein Wunder, sagen Pessimisten, ist in 25 Jahren Schluss mit lustig. Aber wer will schon auf Pessimisten hören; auf diese Leute, die immer alles besser wissen, wo es doch darum geht, schnell die nächste Ernte einzufahren. Jedenfalls wurden nach dem Anzapfen des Reservoirs aus der *Dust Bowl* wieder blühende Landschaften, und die Rinderhaltung konnte sich erneut prächtig entfalten. Bis zum Dumpingpreis von 70 Dollar pro Bulle.

Es war keineswegs so, dass ich über all das nachdachte, als ich später im Motel unter der Dusche stand, und ein fröhlich Liedchen pfeifend den Schweiß des Tages mit 500 Liter Wasser in den Gully rauschen ließ. Ich dachte erst darüber nach, als ich im Bett lag und in John Steinbecks „Früchte des Zorns" schmökerte.

Preisfrage: Können Bücher Menschen beeinflussen?

Antwort: Keine Ahnung. Aber am anderen Morgen sprang ich ungeduscht ins Auto, und siehe da, die Gummiente rümpfte nicht einmal die Nase.

Auf der Fahrt durch den Mittleren Westen kriegt das Bild, was man landauf, landab von Amerika hat, Risse. *Think Big* findet woanders statt, an der Ost- und Westküste, in den Industriestädten um die Großen Seen, aber ganz bestimmt nicht zwischen North Platte und Des Moines.

„Ich stamme aus Des Moines", schrieb der Reiseschriftsteller Bill Bryson, „einer muss ja."

Danach machte er sich schnell auf die Socken, um mehr von der Welt zu sehen als Wohntrailer, die immer verdächtig nach Dritter Welt aussehen. In diesem riesigen Landstrich verdienen die Leute die Hälfte von dem, was woanders auf dem Gehaltszettel steht, zahlen aber die gleichen Steuern. Deshalb waren Jobverlust, Arbeitslosigkeit, und die Krankenversicherung, die keiner hat, Hauptthemen im Wahlkampf. Irak, Afghanistan und Al Qaeda blieben außen vor. Einen *Hummer* konnte sich ohnehin keiner leisten, der Uralt-Pickup aus den 70er musste es auch die nächsten zehn Jahre tun, und von China wusste man, dass die Arbeit, die es früher gegeben hatte, mittlerweile am Jang Tse gemacht wird.

Der alte Treppenwitz, dass der reisende Deutsche in den USA tatsächlich gefragt wird, ob Adolf noch immer an der Macht ist – der passierte mir an der Ostküste, der passierte mir an der Westküste, aber er passierte mir vor allem hier. Überregionale Fernsehsender sind rar, und gegen die lokalen Zeitungen ist die BILD ein intellektuelles Blatt. Vom Internet hat man schon gehört, aber für die meisten Menschen ist der Zugang zu Informationen ebenso schwierig wie für die Einwohner Tibets. Natürlich verstreuen sich hier und da Städtchen und Städte über die Landkarte, und da sieht die Sache etwas anders aus. Aber die Entfernungen sind weit, und mit weit meine ich wirklich weit. So nahm ich es hin, als mich in North Platte – immerhin 22600 Einwohner – beim Muffinkauf der alte Herr hinter der Verkaufstheke als Kraut ausmachte, um sofort damit zu prahlen, wie er damals im Zweiten Weltkrieg deutsche U-Boote versenkt habe.

„Adolf hats aber erwischt, oder?", wollte er wissen. Manchmal steigt mir die Hutschnur bei so viel

Ignoranz. Manchmal bleibe ich locker. Heute war Locker-Tag.

„Hat sichs Hirn rausgepustet", sagte ich. „Viel kam nicht."

Meine Antwort war ganz nach seinem Geschmack. Die Belohnung kam in Form eines Extra-Muffins. Nun konnte ich gestärkt meine eigentliche Aufgabe angehen: North Platte war lange Zeit die Heimat von Buffalo Bill gewesen, der dem Abgesang auf den Westen seine persönliche Note aufgedrückt hatte. Das passte mir gut ins Programm. Wenn auch die kommenden Staaten Iowa und Illinois ebenfalls Erinnerungen an den Wilden Westen hervorrufen würden – für mich ging in North Platte die Epoche zu Ende.

William „Buffalo Bill" Cody hatte ein Leben geführt, dass für drei gereicht hätte. Er stammte aus Iowa, zog mit fünf nach Kansas, wo sein gegen die Sklaverei eintretender Vater im Streit von einem Sklavenhalter umgebracht wurde. Damit war der 11jährige William auf einmal Familienvorstand und einziger Brotverdiener. Das tat er mit Kurierdiensten, die ihn tief in den unbekannten Westen führten. Dort traf er die Großen seiner Zeit, Jim Bridger, Kit Carson und Wild Bill Hickok, den wahrscheinlich besten Revolverschützen im Westen. Weil man das Wort *priming* zwar noch nicht kannte, die Wirkung dagegen schon, kann man mit Fug und Recht behaupten, Klein-William wurde von diesen Leuten geprimt. Von nun an wollte er ebenfalls *Mountain Man* werden, Fährtenleser, oder zumindest Revolverheld. Also trat er, fünfzehnjährig, in den Dienst des berühmten Pony Express. Das war eine als Reiterstaffette organisierte schnelle Post von Ost nach West über die Distanz von 3200 Kilometern. Doch dann brach der Bürgerkrieg aus, und William wurde Fährtenleser für das Siebte Kansas Regiment. Dort

diente er dem unglückseligen General Custer, bis er
den Job fand, der ihm seinen Namen geben sollte:
Büffeljäger für die abertausend hungrigen Mäuler
der Eisenbahnbauer. Aus William, einem der besten
Jäger der Zeit, wurde Buffalo Bill. Trotzdem wäre
sein Leben kaum in anderen Bahnen verlaufen als
das vieler abenteuersuchenden jungen Männer, hätte sich nicht der Schrifsteller Ned Buntline auf seine
Fersen geheftet. Buntline sorgte dafür, dass Buffalo
Bill's Geschichten in den großen New Yorker Zeitungen erschienen, und so bekam die junge Nation einen dringend gesuchten Helden. Seine Romane wie „Buffalo Bill Cody – King of the Border Men"
machten den Autor reich und Bill berühmt. Als es
ihn eines Tages nach New York verschlug, fand er
sich im Mittelpunkt der High Society wieder. Und
– vielleicht der seltsamste Wendepunkt in seinem
Leben – er genoss diese Situation.
Bill gab also das Partytier, bis er von Custers Niederlage am Little Big Horn erfuhr. Auf der Stelle reiste
er zurück in den Westen, um unter dem Kommando
von Eugene Carr blutige Rache zu üben. Überliefert
ist ein Überfall auf eine Gruppe Sioux, bei dem Buffalo Bill den Häuptling Yellow Hand erschoss und
mit dem Ruf skalpierte: „Der erste Skalp für General Custer!"
Mit dem Untergang des Wilden Westens begann seine große Zeit. Er gründete die Buffalo Bill Show, die
den Leuten das, was sie soeben zerstört hatten, als
fahrende Zirkusnummer wieder gab. Sogar Häuptling Sitting Bull musste als Tanzbär auftreten. Die
Zuschauer waren begeistert, mehr als eine Million Dollar pro Jahr kamen rein. Genug Geld für Bill,
um in Wyoming eine eigene Stadt namens Cody zu
gründen, und in der Nähe eine Farm zu kaufen von
der Größe eines deutschen Landkreises.

Auf alten Filmrollen kann man Sitting Bull sehen, wie er in der Show den Clown macht, und schon deshalb spielt Buffalo Bill bei mir in der selben Liga wie Winnetou-Mörder Rollins. Trotzdem schien der alte Häuptling etwas im Indianerschlächter verändert zu haben, denn im hohen Alter wechselte Cody dann doch noch seine Meinung.

„In neun von zehn Fällen war der Weiße schuld, wenns Probleme zwischen uns und den Indianern gab", sagte er.

Das war nun wirklich eine Einsicht, denn bis dato hatte man Buffalo Bill vor allem damit prahlen hören, wie viele Indianer er skalpiert hatte.

Nach einigem Suchen stand ich vor dem Haus, in dem er 30 Jahre lang gewohnt hatte. Es war ein großes Backsteingebäude, drinnen gabs ein Museum. Ich ging nicht rein. Doch wer kann das schon sagen: Vielleicht wäre ich bei ähnlichem Lebenslauf auch geworden wie Bill. Vielleicht hätte ich unter anderen Umständen U-Boote versenkt und wäre heute noch stolz darauf. Chuck Palahniuk schrieb über meine Generation, „we are the middle children of history, with no purpose or place." Was zumindest einen guter Grund für unstetes Nomadenleben gibt. Damit wurde es Zeit, den Wilden Westen zu verlassen um den Wilden Osten zu erreichen. Beschwingt stieg ich in die Gummiente, überprüfte Muffin- und Kaffeevorräte, kam zu einem zufriedenstellenden Ergebnis, und fuhr los.

II
Im Osten

Hauptsache, d' Ranza spannt

Als der englische Schriftsteller Douglas Adams per Anhalter in Österreich unterwegs war, stand er eines Nachts nach Einnahme von dreieinhalb Flaschen Grünen Veltliner bedudelt am Rande einer Landstraße und glotzte auf einen Acker. So was kann einem passieren in Österreich. Weil dort nichts Spannendes zu sehen war, richtete er den Blick zum Firmament und da, da … ja, da geschah es. Das Unfassbare, Unerklärliche, Unbeschreibliche, von dem jeder Schriftsteller träumt: Eine geniale Idee senkte sich mit einem „Küss die Hand, Mister Adams" herab. Sofort fuhr Douglas nach Hause und setzte sich an den Schreibtisch, um dieses Geschenk des Himmels in einem Roman zu verarbeiten. Der Rest ist Geschichte: Sein Buch „Als Anhalter durch die Galaxis" erlangte Weltruhm, und machte ihn zum internationalen Kultautor. Vielleicht, weil darin die Erde von Vogonen so schön zerstört wird, als diese ausgerechnet bei uns ihre intergalaktische Umgehungsstraße bauen und unser schöner blauer Planet nun mal im Weg ist. Nur einem Mann namens Arthur Dent – wie es sich für einen Engländer gehört zünftig im Bademantel bekleidet – gelingt die Flucht. Die Abenteuer, welche er im Anschluss erlebt, sind so überirdisch gut, dass aus ihnen eine Hörspielreihe entstand, eine ganze Anzahl Bücher, eine Fernsehserie, ein Musical, ein Computerspiel, Hollywood den Stoff verfilmte … ich hoffe, ich habe nichts vergessen. Doch, natürlich, 1998 wurde ein neu entdeckter Planet nach Douglas Adams Buchhelden benannt. Verdientermaßen, schließlich fand Mr. Dent am Ende seiner Irrfahrt durchs Weltall die ultimative Antwort auf „die Frage nach dem Leben, dem Universum und allem". Besser gesagt, er fand den Supercomputer *Deep Thought*, der diese Antwort errechnet hatte. Sie lautet „42". Was wiederum Millionen Lesern schlaflose Nächte bereitete, weil sie sich den Kopf darüber zerbrachen, was wohl dahinter steckt. Dabei gab Douglas Adam unumwunden zu, „42" war nur ein Späßchen gewesen, die Zahl wäre ihm am Schreibtisch eingefallen, wie einem halt am Schreibtisch Zahlen einfallen. Ich möchte wetten, dass dabei Grüner Veltliner im Spiel war, mindestens dreieinhalb Flaschen.

Jedenfalls: An „42", an Arthur Dent und an Äcker in Österreich musste ich denken, als ich ebenfalls am Rande einer Straße stand, und sich vor mir gepflügte Erde bis weit hinters Ende des Universums erstreckte. Das also war Nebraska, ein schönes Nichts aus grüner Weide und blauen Seen. Und so ein schönes Nichts weckt zwangsläufig den Philosophen in mir. Wittgenstein zum Beispiel hat in seinem Tractatus logico-philosophicus feine Anmerkungen zum Thema „Nichts" hinterlassen: „Die Welt ist die Gesamtheit der Tatsachen", schreibt er, „und nicht der Dinge." Darüber lässt sich nachgrübeln, auf den Äckern von Nebraska, wo eine Menge Tatsachen geschaffen werden. Zum Beispiel die, dass hier für den wohlgefüllten Brotkorb Amerikas gesorgt wird. Auch wenn man nach einem Besuch in einem amerikanischen Supermarkt glaubt, das Essen kommt aus der Dose, weil nichts anderes in den Regalen steht, wird man hier auf feuchter Erde eines Besseren belehrt. Das Essen kommt tatsächlich noch vom Acker, und wandert erst dann in die Dose, bevor es von Wal-Mart verkauft wird. Und zwar zu Dumpingpreisen, die jeden Erzeuger bleich werden lassen, was den Konsumenten aber gleichgültig ist. Und den Supermarktgiganten zur mächtigsten Handelskette der Welt machte, mit einem jährlichen Umsatz von

300 Milliarden Dollar. Für Vergleichsfetischisten wie mich: Das ist mehr als das Bruttosozialprodukt von Finnland und Ungarn zusammen.

Nochmals zum Zunge schnalzen: Von Finnland und Ungarn zusammen.

Ich selbst bin ja kein Fan von Rieseneinkaufscentern. Tante Emma war immer meine beste Freundin, doch leider hat sie auch in Amerika das Zeitliche gesegnet. Heute bestimmen die Verteilungsgiganten, was auf den Teller kommt. Häufig ist dabei gar kein Teller mehr im Spiel. Als ich heute zur besten Vesperzeit Abends um sechs Uhr im Städtchen Gothenburg anhielt, stolzes Zentrum des Weizenanbaus von Nebraska, gabs zum Essenfassen wie die Tage zuvor nur die Bude von Kentucky Fried Chicken. Ich konnte den grinsenden Fatzke auf deren Logo schon nicht mehr sehen, und beim Gedanke ans angebotene Futter wurde mir schwummrig. Zwar sagt man im Schwäbischen, „Hauptsache, d' Ranza spannt", doch der spannte bei mir noch von der letzten Portion frittierter Fleischfetzen, die als Huhn deklariert waren, aber wie Vogonen aussahen. Und vor allem auch so schmeckten. In Gothenburg wurde mir das Essen in einem buntbedruckten Eimer gereicht, auf dem zu lesen war, dass diese Speise neben Muttermilch das Nahrhafteste sei, was die Welt zu bieten habe. Kein McDonald's, kein Wendy's, kein Pizza Hut, kein Burger King, kein Taco und kein Kentucky Fried Chicken kommt ohne einen *Nutrition Plan* daher, der den Konsumenten vorgaukelt, wie gesund *Fast Food* doch ist. Dabei ist immer von *Low Fat* die Rede, also von Fett, das nicht fett macht.

Seltsam, dass die Leute trotzdem aussehen wie Tonnen. Durch die Supermärkte müssen sie in rollstuhlähnlichen Gefährten um die Regale kurven, weil sie schon nicht mehr gehen können. Und ich konnte stets jede Wette eingehen, dass einer von ihnen mir gerade den letzten Zehner-Pack Muffins mit lecker Zuckerguss darauf wegschnappte.

Junk Food macht süchtig, da gibts keinen Zweifel, und das nicht nur in Amerika, sondern auf der ganzen Welt. McDonald's unterhält rund um den Globus 30000 Restaurants, und jährlich kommen 2000 dazu. Kentucky Fried Chicken hat alleine in China 800 Läden, und als ich einmal durch Hohhot radelte, die Hauptstadt der Inneren Mongolei, führte mich der Weg schnurstracks zur örtlichen Hähnchenbrutzelei. Natürlich marschierte ich rein, und die einzige Reminiszenz an die Kultur des Landes war die in mongolischer Sprache geschriebene Speisekarte. Auch so kann man die Welt erobern: Mit Fleischklopsen, frittierten Hühnerschenkeln und Pizzaschnitten.

Doch wer war ich, das Fähnchen des Vegetariers zu schwenken?

Wie die letzten Tage nahm ich auch in Gothenburg meine Henkersmahlzeit ohne Murren entgegen, und machte sie noch während der Fahrt nieder. Dieses Mal hatte es Folgen. Dieses Mal führte es mich direkt auf den nächstbesten Acker, und damit zur Philosophie. Denn auf einmal wurde mir schlecht. Ach was, schlecht ist gar kein Ausdruck, mir wurde speispuckübel. Wie einst bei Douglas Adams wanderte mein Blick hoch zum Firmament und ich flehte nach Erlösung. Herr, lass Alkaseltzer vom Himmel fallen, oder schicke einen vogonischen Bautrupp vorbei, der dieses irdische Jammertal pulverisiert. Doch nichts geschah. Die Sterne über Nebraska blinkten gleichmütig auf mich herab, und ein halber Mond lauschte gelangweilt meinen heiligen Schwüren, nie wieder etwas zu essen, was vorher frittiert werden muss, damit keiner sieht, dass es sich um Lego-Bausteine handelt. Den Schwur hielt

ich durch. Bis ich am nächsten Morgen ausgehungert Booneville erreichte, und auf der ganzen Strecke an nichts anderem vorbeigekommen war als weiteren Junk Food-Stationen. Also hielt ich an der örtlichen Tankstelle, wo mir das Kentucky Fried Chicken-Logo entgegengrinste. Dort sagte ich, „geben Sie mir irgendwas", und das bekam ich auch. Irgendwas.
Ich hab's gegessen.

Viel passierte nicht mehr auf den nächsten 400 Kilometern. Ich kam durch Omaha und verfuhr mich in der hügeligen Stadtlandschaft, in der es vor allem eines gibt, nämlich Schlachthäuser. Dann erreichte ich Des Moines, die Hauptstadt des Bundesstaates Iowa, und gratulierte Bill Bryson dazu, die Flucht ergriffen zu haben. Sonst habe ich keine Erinnerung an Des Moines, weder gute noch schlechte, so gesichtslos war der Ort. Danach gings wieder an endlosen Feldern vorbei, auf denen große, silberne Türme die einzigen markanten Kennzeichen waren. Kein Zweifel, was bei uns der Kirchturm, ist in Iowa der Silo. Wenigstens konnte ich auf meinem Weg Richtung Osten noch einige hübsche Ortsnamen sammeln, denn ich durchquerte Kellogg, Monroe, Prairie City – alles anders als eine City –Victor und Oxford. Am Abend erreichte ich die Quad Cities, ein Konglomerat aus den Städten Davenport, Bettendorf, Iowa und Moline. Natürlich nahm ich mir vor, in Bettendorf zu nächtigen, bei diesem hübschen Namen, und dazu durfte ich erneut eine Landesgrenze überqueren, die nach Illinois. Zum ersten Mal seit Salt Lake City kam so etwas wie urbanes Gefühl auf, wenn auch auf sanften Pfoten. Die Quad Cities sind eine großzügig angelegte Parkstadt, in welcher der kurzgeschorene Rasen ein unbarmherziges Regime führt. Selten habe ich so viel akkurat geschnittenes Gras gesehen, und ich nahm mir vor, sollte es mal hart auf hart kommen, nach Bettendorf zu ziehen und eine Menge Kohle mit einem Großhandel für Rasenmäher zu machen. Endlich fand ich ein nettes Motel, und ließ mir dort den Weg zum Mississippi erklären. Mittlerweile hatte Mark Twain John Steinbeck als Bettlektüre abgelöst, und die Nacht davor hatte ich trotz Bauchgrimmens über die Abenteuer von Tom Sawyer geschmunzelt. Köstlich, wie er die Jungs im Dorf wieder mal austrickste, als er die Strafe seiner Tante, einen riesigen Zaun vor dem Haus zu weißeln, in ein lukratives Geschäft umwandelt. Am Ende streichen seine Kumpels den Zaun, und geben ihm dafür auch noch ihre Schätze, bestehend aus Glasmurmeln, Angelhaken und Vogelfedern. Was waren das noch wildromantische Zeiten am Großen Fluss gewesen, doch als ich jetzt seine Ufer erreichte, war nichts davon zu spüren. Neben mir röhrten Greyhound-Überlandbusse aus einem Parkdeck, hinter mir schepperten Züge in den Bahnhof, über mir rauschten Autos über eine doppelstöckige Straße. Ich machte mich schleunigst aus dem Staub, entfloh der Stadt und fand nach einigem Suchen doch meinen Tom Sawyer-Platz. Dort saß ich lange, blinzelte auf den Strom und fuhr in Gedanken im selbstgebauten Boot hinab nach New Orleans. Mississippi, 3770 Kilometer lang, du Fluss der Legenden. Dein Name, dachte ich, ist ein gutes Beispiel für die Sprachverwurstung. Indianerstämme, die an seinem Ufer siedelten, wie Algonquin und Ojibwa, nutzten Anishinaabe als gemeinsame Sprache. In ihr tauchte der Begriff „Misi-ziibi" auf, was Großer Fluss bedeutet. Französische Trapper schnappten das Wort auf, sprachen es aber „Messipi" aus. Daraus machten englischsprachige Siedler, mit der schnellen französischen Zunge nicht vertraut, Mississippi. Dabei ist es geblieben. Ähnliches passiert immer wieder, auch in unseren Zeiten. Der Titel des Kultfilms von Regisseur Quentin Tarantino, „Reservoir Dogs", entstand aus einer Sprachverwurstung des französischen Filmklassikers „Au Revoir Les Enfants" mit dem Film „Straw Dogs". Mister Pink, Mister White, Mister Brown und den anderen Gangstern in Tarantinos Film war das egal, und den Millionen Zuschauern rund um den Erdball ebenfalls. Was lernen wir daraus? Dass Sprache ein lebendiges Wesen ist. Dass die Antwort auf die Frage nach dem Leben, dem Universum und allem „42" lautet. Vielleicht lernen wir aber auch nichts.

Als die Deutschen Amerikas
Araber waren

Wer vom Westen in den Osten fährt, kommt von der Weite in die Enge. Ich war noch über 200 Kilometer von Chicago entfernt, doch schon wurde der Verkehr unangenehm dicht. Die Häuser wuchsen in die Höhe und Breite, alles rückte aufeinander zu. Daran lässt sich heute noch erkennen, dass die Eroberung Amerikas im Osten begann.

Ich sammelte ein paar weitere Ortsnamen ein, Prophetstown, Peru, Marseilles und Frankfort, bis ich die Vororte Chicagos erreichte. Mein Plan war, zum Ufer des Lake Michigan zu fahren, um mal wieder Seeluft zu atmen, aber daraus wurde nichts. Denn ich verfuhr mich. Das passierte nicht zum ersten Mal, und ist auch kein Wunder, weil das GPS-System in den Staaten ungefähr so zuverlässig ist wie der Kundenservice der Deutschen Telekom. Es gibt auch einen Grund dafür: Manche Regionen sind einfach noch nicht kartographiert. Doch bisher war das nie ein Problem gewesen. Ich freute mich über den einen oder anderen unfreiwilligen Abstecher, denn so bekam ich Landschaften zu Gesicht, die ich ansonsten nicht gesehen hätte. Doch in Chicago war es anders. Da gibt es ein paar Ecken, die sollte man tunlichst meiden. *East Chicago* ist so eine Ecke. Weil aber die Gummiente ihren eigenen Kopf hatte und ich die Augen an der entscheidenden Kreuzung geschlossen, war ich auf einmal dort. In einem Viertel, von dem man sagt, es sei so friedlich wie Kabul oder Bagdad.

Was mich zu einem ungemütlichen Thema bringt. Es heißt Integration, und sollte eine Selbstverständlichkeit sein in einem Land, in dem jeder Einwohner

eingewandert ist, und wenn nicht er, dann seine
Eltern, Großeltern oder Urgroßeltern. Natürlich sind
auch in Europa oder Asien alle Leute mal eingewandert, nachdem es den ersten Menschen, unser aller
Urahnen, im afrikanischen Great Rift Valley zu eng
geworden war. 50000 Jahre vor Christus erreichten
wir Australien, 12000 Jahre vor Christus die Gegend
um Peking, 11000 Jahre vor Christus den Süden von
Chile, und 10000 Jahre vor Christus Europa. Aber
das ist halt lange her. Trotz zahlreicher Völkerwan-
derungen und Grenzverschiebungen durch Kriege
lassen sich sesshafte Traditionen auf dem Alten Kontinent lange zurückverfolgen. In Amerika ist das anders. Die Stadt Chicago wurde erst 1833 gegründet.
Also vor nicht einmal sechs Generationen. 350 Einwohner hatte das Städtchen damals, während sich
heute 10 Millionen Menschen im Großraum tum-
meln. Das bedeutet, eine Menge Leute sind in einer
sehr kurzen Zeitspanne eingewandert. Was uns wieder zur Integration bringt. Denn keiner dieser Einwanderer kann behaupten, als Erster da gewesen zu
sein, was die einzige Anspruchsgrundlage von Sess-
haften auf viele zweifelhafte Rechte ist. Zum Beispiel
auf das des Grundbesitzes. Trotzdem leiten sich daraus unzählige Konflikte ab. Dabei könnte Amerika
leuchtendes Beispiel eines internationalen Mitein-
anders sein. Doch die Einwanderer brachten außer
ein wenig Hab und Gut vor allem ihre Vorurteile
mit. Man wollte nicht mit denen zusammen leben,
denen man in Europa aus dem Weg ging. So entstanden in den amerikanischen Städten des 19. Jahrhunderts Viertel, in denen nur Deutsche lebten, Iren oder
Italiener. Im 20. Jahrhundert waren es Asiaten und
Südamerikaner, die lieber unter sich blieben und
sich nicht integrieren konnten oder wollten. Auch
das 21. Jahrhundert bringt ständig neue Wellen von

Immigranten – wo immer auf der Erde Kriege toben, war und ist Amerika häufig der einzig sichere Hafen. Das sollte man nicht vergessen, vor allem nicht als Deutscher. Nachdem 1849 die erste Demokratiebewegung auf deutschem Boden von den Preußen zusammengeschossen worden war, gab Amerika Hundertausenden politischen Flüchtlingen eine neue Heimat. Im Ersten Weltkrieg und während der finsteren Zeiten der Nazidiktatur waren wiederum die Vereinigten Staaten letzte Rettung für Millionen von Menschen.

Zum Teil funktionierte die Idee des *Melting Pots*. Vor allem in kleineren Städten und auf dem Land vermischten sich die Kulturen. In den Großstädten aber drohte die Gefahr, dass aus Vierteln Ghettos wurden. Das passierte in *East Chicago*. Heute leben dort ein Drittel der Menschen unter der Armutsgrenze, die nach Definition der Weltbank bei „1 Dollar pro Tag" liegt.

Doch zunächst fiel mir das gar nicht auf. Ich kurvte eine halbe Ewigkeit durch schachbrettartig angelegte Viertel, in denen kleine Häuser standen. Die wurden irgendwann durch Wohnwagen und Trailer abgelöst, dann sah ich nur noch baufällige Hütten. Verglichen mit Armutsvierteln, wie ich sie aus Indien oder Afrika kenne, sah das aber alles harmlos aus. Weil der Gegensatz von arm zu reich in amerikanischen Städten um ein Vielfaches größer ist als zum Beispiel in Kalkutta, schaffen diese Gegensätze trotzdem tödliche Konflikte.

Als ich an einer Kreuzung hielt, beobachtete ich einen Mann, dessen Gesicht durch eine Kapuze verdeckt war, gemächlich über die Straße schlurfen. Kaum erreichte er die Gummiente, sprang er wie von der Tarantel gestochen auf die Kühlerhaube und trommelte mit Fäusten auf die Windschutzscheibe,

als gäbe es dafür Muffins satt. So unvermittelt, wie
sein Anfall begonnen hatte, war er zu Ende, und
Freund Kapuze ging seines Weges. Benommen steuerte ich die nächste Tankstelle an, um nach dem Weg
zu fragen. Keine gute Idee. Die Tanke war pure At-
trappe. Zwar gab es Benzin, aber vor allem gab es
Crack, und zwar gleich im Kassenhäuschen. Während ich zusah, wie in Seelenruhe gedealt wurde,
fuhr ein Cabriolet vor, mit ein paar finster aussehenden Burschen drin. Sie hupten. Dealer, Kunden
und ich schauten auf, und direkt in die Mündung
von weiß der Kuckuck was. Ich kann Revolver und
Pistolen ja nicht unterscheiden, aber ich bin schnell
auf den Beinen. Mit einem Satz war ich hinter der
Theke, während der Dealer sich auf den Boden
schmiss und alle anderen reglos verharrten. Crack
macht nicht besonders flott im Köpfchen. Die Burschen schossen nur in die Luft, und fuhren dann
weiter. Kurz danach herrschte in der Tanke wieder
business as usual. Der Tankwart – ich mag ihn gar
nicht so nennen, weil das eine Beleidigung für die
ehrhafte Zunft der Tankwarte ist – schnauzte mich
an, während ich mir die Hosen abklopfte.
„Keine Ahnung, wo *fucking downtown* ist", sagte er.
Selten war mir die Gummiente so heimelig vorgekommen. Wie sagte schon Louise im Film „Thelma
and Louise" über ihren heißgeliebten grünen 66er
T-Bird Convertible? „Most people just cause me trouble, but that car always gets me out of it."
Den Satz unterschreibe ich. Ich drehte den Zünd-
schlüssel, ließ die Reifen quietschen, und brachte
mich so schnell wie möglich *out of trouble*.

Das Wunder geschah, und kam mit einem Zeichen: Nr. 90 stand darauf, und darunter „Dan Ryan
Expressway". Der führte dahin, wo ich hin wollte.

Nämlich ans Meer. Salzluft schnuppern erschien mir jetzt als die Beste aller Ideen.

Natürlich ist das Unfug. Chicago liegt am Lake Michigan, und der ist so salzig wie der Bodensee. Aber da wir diesen schon hochtrabend Schwäbisches Meer nennen, kann Lake Michigan die Aufwertung erst Recht in Anspruch nehmen. Auf diesem See gibts echte Dünung, hohe Wellen, und vor allem den magischen Punkt draußen auf dem Wasser, von dem aus kein Ufer mehr zu sehen ist. Kein Wunder, nennt man Lake Michigan und seine Kumpels Eriesee, Huronsee, Oberer See und Ontariosee auch Große Seen. Wer dazu kommt, einmal vom Weltraum auf die Erde zu linsen, kann sie von dort aus entdecken. Was beim Bodensee nicht ganz so einfach ist.

Und noch ein bisschen mehr Großartigkeit in Zahlen: Mit 245000 Quadratkilometern bilden diese Seen die größte Binnensüßwasserfläche der Erde. Schönes Wort, Binnensüßwasserfläche. In ihr sind rund 35000 Inseln verstreut, oder, besser gesagt, Binnensüßwasserflächeneilande. Doch was dem Ganzen die Krone aufsetzt, ist die Möglichkeit, mitten in Chicago am Meer-, sorry, Seeufer – zu sitzen, mit einer *Latte Macchiato*, wie sie in Rom nicht besser zu kriegen ist. Und genau das tat ich. Allerdings nicht alleine, sondern in der angenehmen Gesellschaft von James Green. Er gilt als der beste Kenner der Arbeiterbewegung Amerikas, und was er darüber weiß, lehrte er seinen Studenten an der Universität von Massachusetts in Boston, oder erzählt davon in spannenden Büchern. Wir hatten uns vor einigen Jahren in Genua kennen gelernt, bei einem Fußballspiel von Sampdoria, einem Arbeiterklasseverein mit Pfeife rauchendem Seemann im Logo. Damals hatte James an einem Buch über die *Haymarket Riots* gearbeitet, die ersten blutigen Arbeiterunruhen Amerikas. Was er mir davon erzählte – von der sozialen Schieflage in Städten wie Chicago mit wenigen Superreichen und unzähligen Armen – und welche Rolle deutsche Anarchisten in dieser Epoche spielten, ließ mich nicht mehr los. Ich beschloss, mit ihm auf Spurensuche zu gehen.

„Am 4. Mai 1886", erzählte James, „passierte ein Ereignis, welches Amerika in seinen Grundfesten erschütterte. Nicht weit von hier, rund um Desplaines Street Station und dem Haymarket, versammelten sich ein paar Tausend Arbeiter. Sie demonstrierten für bessere Arbeitsbedingungen. Unvermittelt tauchten Polizisten auf, schwer bewaffnet wie Soldaten. Sie forderten die Demonstranten auf, sich unverzüglich zu zerstreuen."

Ich blinzelte über mein Latteglas hinweg zur glitzernden Skyline von Downtown Chicago. Die Ereignisse, von denen James sprach, gehören zur jüngsten Geschichte der Stadt. Angesichts der schicken Glas- und Betontürme fiel es nicht leicht, mir zerlumpte und ausgebeutete Arbeiter vorzustellen, die für ihre Rechte kämpften. Doch meine East Chicago-Erlebnisse halfen. Wird die Not zu groß, ist Widerstand machbar, Herr Nachbar.

„Plötzlich", fuhr James fort, „zischte etwas über die Menge. Raste in funkensprühendem Bogen hinein in die Phalanx der Polizisten. Und explodierte mit brutaler Wucht."

Die Zeitung Chicago Tribune schrieb tags darauf: „Überall lagen Verwundete und Tote, das Blut floss buchstäblich in Strömen."

Es war eine Bombe gewesen – die Erste in der Geschichte Amerikas.

„War dieser Anschlag das 9/11 des 19. Jahrhunderts?", fragte ich.

„So kann man das sehen", erwiderte James.

„Und wer waren die Bösen?", wollte ich wissen.
„Sicher doch keine Araber."
„Nein", sagte James mit feinem Lächeln. „Für die
Obrigkeit war die Sache klar. Es waren die Deut-
schen gewesen."

Eigentlich seltsam, dachte ich, als wir eine halbe Stunde später am Ort des Geschehens ankamen. Nach den
Anschlägen vom 9. September wurde auch in deutschen Medien alles durchgekaut, was nur im Ansatz
Auflage versprach. Doch die Geschehnisse des 4. Mai
1886 – bei denen Anarchisten aus Deutschland vorne
mit dabei waren – wurden nie diskutiert. Ganz anders
in Amerika. Historiker erkannten rasch die unheim-
lichen Parallelen zwischen beiden Ereignissen.
„Wann hats bei dir geschnackelt?", fragte ich James,
während wir uns durch Horden von Menschen drän-
gelten, die in Feierabendlaune Richtung Uferpromo-
nade drängten.
„Sofort", antwortete er. „Doch erst als mein Verle-
ger Andrew Miller das Thema zur Sprache brachte,
dachte ich darüber nach, ein Buch zu schreiben."
Schließlich war über die *Haymarket Riots* schon eine
Menge publiziert worden. Aber auf einmal gab es
einen neuen Gesichtspunkt. Und James begann mit
seiner Recherche.
„Damals wurden alle Deutschen in Gemeinschafts-
haft genommen", erzählte er. „So wie zu unserer Zeit
Menschen, die arabisch aussehen."
Welche Auswirkungen das haben kann, dafür hatte ich gestern Abend noch Anschauungsunterricht
erhalten. Nach meinem Abenteuer in *East Chicago* dachte ich, jetzt kommts auch nicht mehr darauf
an, und marschierte zur Flatfile Kunstgalerie. Darin lebte seit einem Monat der gebürtige Iraker Wafaa
Bilal. Von außen konnte man sehen, wie er schlief,

aß, seine Toilette verrichtete – und wie man interaktiv übers Internet mit einer in der Galerie installierten Paintballkanone auf ihn schießen konnte. Und zwar Tag und Nacht, rund um die Uhr. *Shoot an Iraqi*, nannte Bilal seine Performance. Die Idee dazu war ihm gekommen, nachdem sein Bruder und Vater in Nadjaf durch Schrapnellgeschosse ums Leben gekommen waren. Zu dieser Zeit war er in Amerika gewesen, und fühlte sich schuldig.

„Ich wollte spüren", sagte er später, „wie es sich anfühlt, wenn man völlig hilflos ist und wildfremde Menschen auf einem schießen."

Er fand es heraus: Als seine Zeit in der Galerie vorüber war, hatten über 60000 Leute aus 130 Ländern die Gelegenheit zu *Shoot an Iraqi* wahrgenommen. Ich sah eine Weile zu, während Bilal am Tisch saß und aß. Alle paar Sekunden knallte es, aber er hatte sich so platziert, dass er nicht getroffen wurde. Doch wirkte er völlig abwesend, wie ein Zombie, und als er aufstand und vom Tisch wegging, traf ihn eine Kugel an der Schulter. Er schrie, warf sich auf den Boden und blieb dort liegen. Neben mir lachten die Leute, doch ich hatte einen dicken Kloß im Hals. Gerne hätte ich mit Bilal über diese Erfahrung gesprochen. Doch ein paar Tage später brachte man ihn mit einem Nervenzusammenbruch in ein Krankenhaus.

Als James und ich die Desplaines Street erreichten, sah ich solide braune Backsteingebäude links und rechts der Straße, die von Bäumen gesäumt war. Eine frische Brise blies uns um die Nase und lies gar nicht erst den Mief einer Millionenmetropole aufkommen. Chicago trägt den Spitznamen „Windy City", doch ist das ein Euphemismus. Besonders im Winter kann man sich hier den Allerwertesten abfrieren. Im 19. Jahrhundert brachen für Einwanderer während dieser Jahreszeit besonders harte Monate an.

„Dabei sprach man zwischen 1880 und 1890 vom *Gilded Age*, dem Vergoldeten Zeitalter", sagte Jim. „Chicago war eine einzige große Fabrik, in die ein ständiger Strom von Arbeitern floss."

Der Begriff *Gilded Age* wurde vom Schriftsteller Mark Twain geprägt. Wohlgemerkt, er hatte die Epoche „Vergoldetes Zeitalter" genannt, nicht Goldenes. Denn die Abermillionen Dollar, die durch den Technologiesprung des ausgehenden 19. Jahrhunderts von einem Heer billiger Arbeiter erwirtschaftet wurden, flossen in nur wenige Taschen. Die Arbeiter blieben arm, und litten unter Ausbeutung und Korruption.

1880 lebten bereits 205000 Einwanderer aus Europa in Chicago und stellten die Hälfte der Arbeiterschaft. Die meisten – fast 165000 Menschen – kamen aus Deutschland. Sie waren nach der fehlgeschlagenen Revolution von 1849 geflohen, häufig mit einem Buch in der Tasche, dass in der Le Roux'schen Hofbuchhandlung zu Mainz erschienen war: Bruno Schmölders „Neuer praktischer Wegweiser für Auswanderer nach Nordamerika." Darin fanden sich Tipps und Tricks für die lange und schwierige Reise, sowie Karten von San Fransisco, St. Louis, Iowa und Neu-Helvetien. Sogar ein Porträt von Johann August Sutter, dem Kaiser von Kalifornien, war abgedruckt. Das war kein Zufall, denn Schmölder war einer der Landagenten, die sich für eine deutsche Kolonie in Kalifornien nach Sutters Vorbild stark machten. Die Auswanderer stammten in der Mehrzahl aus dem Süden: Aus Bayern, Hessen, Württemberg und vor allem Baden, dem Zentrum der deutschen Revolution. Insgesamt 80000 Badener verließen ihr Land, rund 5 Prozent der Gesamtbevölkerung. Einige der Revolutionäre machten politische Karriere, wie Carl Schurz, der es zum Innenminister der USA brachte. Andere landeten in den Fabriken von Chicago. Wo

sie zunächst einmal gut angesehen waren: Geschick-
te Handwerker, die bereit waren, hinzulangen.
„Es war damals eine Ehre", erklärte James, „Teutone
genannt zu werden."
Die Deutschen verhalfen Abraham Lincoln zur Prä-
sidentenwürde, stellten Truppen für seine Armee
im Bürgerkrieg, und waren gegen die Sklaverei.
Darüber hinaus engagierten sie sich in der Arbeiterbewegung.
„Unter ihnen befand sich auch ein 17jähriger Bursche aus dem hessischen Landeck", fuhr James fort.
„Sein Name war Augustus Vincent Theodor Spies.
Er hatte alles, was man brauchte, um in der Neuen
Welt Karriere zu machen: Ehrgeiz. Eine solide hand-
werkliche Ausbildung als Polsterer. Die Fähigkeit,
sich auszudrücken. Außerdem war er sportlich und
sah gut aus."
Allerdings hatte er auch noch etwas anderes im
Gepäck: Den Wunsch und Willen, unabhängig zu
sein. Spies schrieb später, „I was never put upon",
was bedeutete, das man ihm kein X für ein U
vormachen konnte. Angesichts der brutalen Ausbeutung der Arbeiter durch die Fabrikbesitzer eine
gefährliche Einstellung.
Wir bestiegen die „L", die Hochbahn von Chicago.
James zeigte mir, wo sich die Deutschen angesiedelt hatten.
„An der North Side", sagte er, und deutete aus
dem Fenster des quietschenden Wackelwaggons,
„errichteten sie ihre Stadt. Sie benannten die Straßen nach deutschen Dichtern und Komponisten, in
den Kneipen wurde deutsches „Union Beer" aus-
geschenkt. Dann gab es ein deutsches Zentrum
im Westen von Chicago, in der Milwaukee Avenue
und am Wicker Park. Dort lag auch ein beliebter
Versammlungsort, die Thalia Hall. Da traf sich *The*

Turner Society, der Turnverein. Augustus Spies gehörte zu den besten Turnern."
In dieser Halle gab man sich nicht nur dem frisch-fromm-fröhlich-freien Felgaufschwung hin, und der Kontergrätsche nach Turnvater Jahn. Sondern es wurde vor allem heftig politisiert.
„Dabei kam es zur Gründung des Lehr- und Wehr-vereins", sagte James. „Eine Organisation bewaffneter Arbeiter, an deren Spitze Augustus Spies stand."
Das war nicht genug, um sich zum „Staatsfeind Nr. 1" zu machen. Doch als Spies auch noch die „Arbeiter-Zeitung" publizierte und darin Wahlfälschungen ins Licht der Öffentlichkeit brachte und die Korruption der Richter kritisierte, wurde es für ihn gefährlich.
„Genau diese Korruption", sagte James, „kostete ihm das Leben."
Es kam nie heraus, wer die Bombe zündete. Das hinderte die Gerichtsbarkeit nicht, ein Urteil zu fällen. Da Spies am Vorabend des Attentats in einer Rede vor Tausenden von Zuhörern die unsäglichen Verhältnisse in den Fabriken gerügt hatte – unter anderem sagte er, „man kann nicht ewig wie ein Stück Vieh leben" – hatte die korrupte Staatsgewalt leichtes Spiel. Sie argumentierte, Spies und seine Unterstützer hätten die Täter erst aufgestachelt. Neben ihm wurden Adolph Fischer, George Engel und Albert Parsons angeklagt, abgeurteilt und gehängt. Die Angehörigen durften den Todeskandidaten keinen letzten Besuch abstatten, und als Lucy, die Ehefrau von Albert Parsons, vor dem *Courthouse* die Nerven verlor, wurde sie mitsamt ihren Kindern verhaftet, auf einer Polizeistation nackt ausgezogen, und peinlich genau nach „Waffen und Bomben" untersucht.
Wenige Minuten vor seinem Tod sagte August Spies: „Die Zeit wird kommen, wo unser Schweigen stärker

ist als die Stimmen, die Sie heute erdrosseln." Dann öffnete der Henker die Falltür, und Amerikas erster Justizmord war geschehen.

„Es war, als ob sich das Schicksal gegen die Verurteilten verschworen hätte", sagte James. „Nicht einmal die Vollstreckung klappte."

Statt durch Genickbruch wurden die Opfer erstickt. Es dauerte siebeneinhalb endlose Minuten, bis der letzte der vier Männer tot war. Selbst der abgebrühte Reporter der *Chicago Tribune* fand kaum Worte für das Geschehen im überfüllten *Courthouse*.

„Die Körper der Gehängten zuckten hin und her, während Ärzte vergeblich versuchten, ihren Puls zu fühlen", war in der Chicago Tribune zu lesen. „Am Ende starben sie keinen sauberen Tod, sondern wurden jämmerlich erdrosselt."

Die letzten Worte von August Spies hatten sich erfüllt.

Ein wenig deutsche Kultur hatte sich an der North Side gehalten. Wir betraten ein Lokal, welches Oktoberfestbier im Angebot hatte. Ich bestellte zwei Humpen, und es schmeckte nicht anders als auf der Theresienwiese. Nur kam statt Humpdadamusik Chicago Blues aus den Lautsprechern. Damit konnte ich leben.

„Und wie gings dann weiter?", fragte ich James.

„Sechs Jahre später annullierte der Gouverneur von Illinois, John Peter Altgeld, das Skandalurteil", antwortete er. „Mit zwei Begründungen: Keiner der Angeklagten konnte mit dem Anschlag in Verbindung gebracht werden. Und alle Geschworenen waren parteiisch ausgewählt worden. Die ganze Verhandlung war eine Farce gewesen."

„Guantánamo", dachte ich. „Das passiert, wenn jemand rasch ein paar Schuldige braucht."

„Hast du an 9/11 gedacht beim Schreiben?", fragte ich James.

„Natürlich", sagte er. „Aber ich zog keine Vergleiche.
Ich wollte, dass die Leser selbst darauf kommen."
Das taten sie auch. In der Houston Post war zu
lesen: „One cannot read this book without a shock of
recognition – Das Buch führt zu einer schockierenden
Selbsterkenntnis."

Es war eine große Verlockung: Die Gummiente von
Chicago aus Richtung Norden zu steuern, durch Milwaukee Richtung Sault Sankt Marie, dort über die
Grenze nach Kanada, um dann auf einsamen Straßen durch einen Wald zu fahren, gegen den mein ge-
liebter *Black Forest* nicht mehr als eine kleine Baum-
gruppe ist. Dann rüber nach Montreal, runter nach
New York, und auf nach Boston. Das kleine Teufelchen „da wolltest du doch immer hin" schlug mächtig Alarm. Aber es gab ja zwei von dieser Sorte, und
auch das andere war nicht auf den Mund gefallen.
„Hör nicht auf die taube Nuss", sagte Teufelchen
Nummer Zwei. „In Detroit kannst du Rennautos
fahren."
Das gab den Ausschlag. Detroit, Motorcity, Auburn
– das sind die Zentren der amerikanischen Autoindustrie. Und wer wie ich in Stuttgart mit feinstaub-
geschwängerter Luft täglich daran erinnert wird,
dass im Landeshauptstädle nur zwei am großen Rad
drehen, nämlich *d' Daimler un' d' Porsche*, der möchte
auch einmal das amerikanische Pendant dazu kennen lernen. Außerdem wollte ich selbst an einem Rad
drehen. Deshalb hatte ich mich mit Harry Branch
verabredet, der eine Firma sein Eigen nannte, welche die Idee „Pimp my car" zur Perfektion gebracht
hatte. Harry stellte *Concept Cars* her, also Autos, die
es eigentlich gar nicht gibt. Ich war gespannt. Und
fragte mich, was er dazu sagen würde, wenn ich mit
der Gummiente auf seinen Hof fuhr.

Unterwegs kam ich durch Angola (Indiana), Mont-
pelier (Ohio), und Toledo (ebenfalls Ohio). Auch ein
Genoa – also Genua –, ein Berlin und ein Florenz pflas-
terten meinen Weg. Als dann das Städtchen Ypsilanti
auftauchte, schloss ich die Liste lustiger Ortsnamen.
„Was zuviel ist, ist zuviel", dachte ich, und konzent-
rierte mich lieber auf den dichten Verkehr. So sehr
ich das Autofahren liebe: Mit *Stop and Go* habe ich
wenig am Hut. Die Strecke von Chicago nach Detroit ließ aber kaum etwas anderes zu. Mitunter ähnel-
te der Highway einem Parkplatz, und erinnerte mich
sehr an die heimische A 6. Zwar war die Gummiente
mit Automatikschaltung ausgerüstet, was seine Vorzüge hat, wenn man nur noch Zentimeter für Zentimeter weiter hoppelt. Trotzdem war ich froh, als ich
spät Abends das Hoftor von Harrys Firma erreichte.
Natürlich war um diese Zeit keiner mehr da, und so
machte ich es mir mal wieder im Auto gemütlich. Ich
dachte daran, wie nett es jetzt im Alligator wäre, dem
Riesenwohnmobil von Bob und Ann aus Minnesota.
Hm, Küche! Hm, Eisschrank! Hm, Dusche! Im Kopf
überschlug ich die traurige Situation meines Kredit-
kartenkontos, und kam auch nach dem hundersten
Nachrechnen zu keinem anderen Schluss, als dass
Übernachtungen in Kingsizebetten nur noch in Aus-
nahmefällen drin waren.
Heute war kein Ausnahmefall.
Ich kuschelte mich in den Fahrersitz, fands unbe-
quem, drehte mich um, versuchte eine andere Po-
sition, und so schritt die Nacht voran. Irgendwann
war Morgen.
Harry erschien als Erster zur Arbeit.
„Was soll denn das sein?", sagte er zur Begrüßung.
„Etwa ein Auto?"
Es war ein paar Jahre her, seit sich unsere Wege ge-
kreuzt hatten. Damals drehte ich einen Film in der

Gegend, natürlich über Autos, und Harry erschien als neugieriger Zaungast am Set. Eines Abends lupften wir ein paar Dosenbiere, und er erzählte mir von seiner Firma.

„Wir basteln am Auto der Zukunft. Die meisten unserer Ideen werden nie umgesetzt. Aber manche schon. Schaus dir mal an."

Als ich den Film im Kasten hatte, stattete ich seinem Laden einen Besuch ab. Und staunte nicht schlecht. Offenbar war das Zweiliterauto machbar. Wenn man nur wollte.

„Falls du mal wieder in der Gegend kommst ...", sagte Harry zum Abschied.

Regel Nummer Eins in Amerika: Nimm diesen Spruch nie wörtlich. Zum Glück pfeife ich auf Regeln, und werde dann meistens trotzdem freundlich empfangen.

„Ich würd' gern mal was Rechtes fahren", hatte ich am Telefon gesagt.

Die Antwort klang verlockend. „Da hätte ich was. Sieht aus wie ein Rennwagen. Könnte dir gefallen."

Als ich jetzt vor dem Auto stand, musste ich zugeben, dass er nicht geschwindelt hatte. Das Ding sah tatsächlich einem Rennwagen ähnlich, wenn auch mehr Formel Ford als Formel 1. Unter der Haube steckte auch kein Tiger, und das Fahrwerk war den geplagten Lendenwirbeln von Bürohengsten angepasst. Aber das Ganze lag flott verpackt gut auf der Straße, und ich hoffte, dass mir bei der Dorfrunde die Mädels nachwinken würden. Daraus wurde leider nichts.

„Ich kann dich nicht vom Gelände lassen", sagte Harry. Ich sah wohl enttäuscht aus. „Aber wir haben eine neue Teststrecke. Nichts Aufregendes."

Das waren seine Worte: Nichts Aufregendes. Als ich kurze Zeit später zu schnell durch eine Kurve bretterte, welche fatal an die Dunlop-Kehre in der

Grünen Hölle Nürburgring erinnerte, drehte sich das Auto um die eigene Achse und rutschte aufs Bankett. Bleich, schwitzend, und mit einem Puls von 180 kehrte ich zu Harry zurück.
„Hats Spaß gemacht?", wollte er wissen.
Es hatte. Doch jetzt stieg ich gerne wieder in meine Gummiente.

Nach Feierabend gingen wir auf ein Bier um die Ecke und fachsimpelten. Nirgendwo in der Welt sind so viele Autos auf der Straße wie in Amerika. Nirgendwo auf der Welt sind sie größer, PS-stärker, umweltschädigender. Auf der anderen Seite gibt es nirgendwo auf der Welt so strenge Gesetze, und ich fragte Harry, was von diesem Widerspruch zu halten sei.
„Du redest von Kalifornien", sagte er. „Kalifornien ist nicht Amerika."
„Iowa ist auch nicht Amerika. Georgia oder South Carolina ebenfalls nicht", sagte ich.
„Von Maryland ganz zu schweigen", lachte er. Dann wurde er ernst. „Ich weiß, die Leute sagen immer, so läuft das in Amerika. Dabei ticken in jedem Staat die Uhren anders. Hier zum Beispiel …"
Er machte eine Kopfbewegung, und ich wusste, dass er Michigan meinte.
„… war früher das innovativste Zentrum für Fahrzeugentwicklungen. Gehst du heute bei Chrysler vorbei, siehts zappenduster aus. Aus dem Hauptquartier haben sie ein Einkaufszentrum gemacht. Das ging zwei Jahre später pleite. Und General Motors hat mehr Schulden angehäuft als die Pleitebanken."
2007 erwirtschaftete GM einen Verlust von 40 Milliarden Dollar. Falls man dabei noch von Erwirtschaften sprechen kann. Das hatte Auswirkungen auf Detroit und Umgebung. Kam man früher in die Stadt, wars gut zu wissen, welche Marke man unterm Hintern

hatte. Es gab die Viertel der Ford-Arbeiter, die Viertel von GM, und die von Chrysler. Mit dem falschen Auto im falschen Viertel konnte es geschehen, dass Steine flogen.

„Von diesen guten alten Zeiten schwärmt heute ein Heer von Arbeitslosen", sagte Harry. „Wir haben viel zu lange aufs falsche Pferd gesetzt. So groß wie Amerika mussten unsere Autos sein. Als die Benzinpreise explodierten, die Leute sich keinen 60-Tausend-Dollar-Wagen mehr leisten konnten, und Toyota allen eine lange Nase drehte, schauten wir dumm aus der Wäsche. Dabei haben wir uns das alles selbst eingebrockt. Denk nur an den EV1."

Es war 2006 gewesen, auf Robert Redfords Sundance Film Festival, als ein Dokumentarfilm Furore machte. Unter dem Titel „Who killed the Electric Car?" erzählt der Regisseur Chris Paine die Geschichte der Zerstörung Tausender Elektroautos durch General Motors. Damals litt der amerikanische Autoriese unter einem Absatzeinbruch nie gekannten Ausmaßes. Doch man hatte einen Trumpf im Ärmel: Das populäre Elektromobil EV1 zeigte beste Fahreigenschaften und bewies sich als echter Gewinner. Trotzdem wurde auf Anweisung von GM Boss Rick Wagoner die gesamte Flotte verschrottet. Oder *gekillt*, wie es Chris Paine in seinem vielfach ausgezeichneten Film ausdrückte.

„Ich hab' nie kapiert", sagte ich, „warum der Wagoner das tat. War er *stoned*?"

„Der war klarer denn je", antwortete Harry. „Es hatte damit zu tun, was an der Westküste läuft."

Arnies Staat ist der wichtigste Automarkt der Welt. Und zugleich Vorreiter in Sachen Umweltpolitik. Mit dem *Clean Air Act* versucht Kalifornien, der Luftverschmutzung Herr zu werden. Dieses Gesetz ist ein rotes Tuch für alle Autobauer. Denn es schreibt vor, dass jeder, der in Kalifornien Autos verkaufen will, ein *Zero-Emission-Vehicle* anbieten muss. Also einen Wagen ohne Abgasausstoß. So begannen die Fahrzeughersteller in den 90ern zähneknirschend, Alternativen zum Otto-Verbrennungsmotor zu entwickeln. Schnell erwies sich der Elektroantrieb als vielversprechendste Variante. 1992 brachte Daimler eine elektroangetriebene A-Klasse auf die Straße, die alle Weltrekorde brach. Auch General Motors musste sich nicht verstecken. Das Elektrofahrzeug EV1 ließ sich über Nacht an die Steckdose hängen, und am Morgen konnte man munter damit weiterfahren.

„Und jetzt kommts", sagte Harry. „Damit wurde der EV1 zum Opfer seiner eigenen Vorzüge. Elektrofahrzeuge benötigen kaum Reparaturen, und an denen verdienen Fahrzeughersteller eine Stange Geld. Außerdem, logisch, brauchen sie kein Benzin. Was für eine Bedrohung für die Ölindustrie! Also machte man *tabula rasa* und vernichtete die Geister, die man gerufen hatte."

„Das ist Wahnsinn", sagte ich.

„Das ist menschlich", erwiderte Harry.

Auf einen Schlag wurden überall auf der Welt Entwicklung und Produktion von Elektrofahrzeugen eingestellt. GM ließ in einer Nacht-und-Nebel-Aktion alle Fahrzeuge einziehen, und schmiss sie in die Schrottpresse.

„Bevor du jetzt mit dem nackten Finger auf angezogene Leute zeigst", sagte Harry. „Bei dir zuhause hat man auch nicht rumgezickt."

Das stimmt. Zeitgleich gab Daimler die Entwicklung der A-Klasse auf Elektrobasis auf.

„Bald solls einen elektrischen Smart geben", warf ich ein. Irgendwie hatte ich das Gefühl, die Ehre der Heimat verteidigen zu müssen, auch wenn es da nichts zu verteidigen gab.

„Ein Smart", grinste Harry. „Wie schön. Und was ist mit einer elektrischen E-Klasse? Gibt's einen Elektro-Audi? Oder einen von Porsche?"

Ich schwieg. Er hatte Recht. Die Großen der Automobilindustrie hatten den Knüppel rausgeholt. So wie schon Anfang der 50er Jahre, als der Amerikaner Preston Thomas Tucker ein Auto entwickelte, von welchem Kunden nur träumen konnten: Attraktiv, umweltfreundlich, sicher, und mit technischen Raffinessen, die seiner Zeit voraus waren: Scheibenbremsen, Vierradantrieb, Sicherheitsgurte, eine Fahrzeugbeleuchtung, die auf Lenkbewegungen reagierte. Die Konkurrenz fackelte nicht lange. Erst versuchten die Großen Drei von Detroit, GM, Chrysler und Ford, Tucker aufzukaufen. Als das nicht klappte, machten sie ihn fertig. Und zwar richtig, wie Francis Ford Coppola in seinem Film „Tucker – the man and his dream", zeigte.

„When they tried to buy him, he refused", sagte der Regisseur. „When they tried to bully him, he resisted. So they broke him."

Zuerst war es eine Kampagne gewesen, die behauptete, ein Auto, das Sicherheitsgurte brauchte, könne wohl nicht sicher sein. Als das nicht reichte, wurden schwere Geschütze aufgefahren: Mit dem Vorwurf der Steuerhinterziehung hatte man ja schon Al Capone dran gebracht. Bei Tucker funktionierte es ebenfalls. Kurze Zeit später war er pleite.

Lug und Trug wandten die Großen Drei auch untereinander an, wenn einer von ihnen eine Neuentwicklung präsentierte, welche als Bedrohung empfunden wurde. Selbst ein Henry Ford war dagegen nicht gefeit. 1941 brachte er ein Auto auf den Markt, dessen Karosserie aus Hanffasern bestand. Es wurde mit Methanol betrieben, welches ebenfalls aus Nutzhanf gewonnen wurde. Selbst das

Motorenöl war aus Hanf. Kurz und gut: Ford baute ein Auto aus dem am schnellsten nachwachsenden Biorohstoff der Welt. Seinen genialen Produktvorteil setzte er in einem griffigen Slogan um: „Das Auto, welches auf dem Acker wächst." Die Karosserie war so stabil, dass Old Henry bei der Präsentation mit einem Hammer darauf herumtrommelte, ohne Dellen und Kratzer zu hinterlassen. Eine Szene, die ich gerne einmal auf der Frankfurter Automobilmesse sehen würde.

„Da kriegst du aber einen alten Hintern", sagte Harry. „Wirklich Innovatives gibts da nie zu sehen."

Das sagte einer, der es wissen musste. Ein nachwachsendes Auto mit einer Karosserie härter als Stahl und so gut wie keinen Verschleißteilen – damit könnte man der Welt viel Gutes tun, aber nicht dem Geldbeutel. In einer hollywoodreifen Verschwörung spannten die Konkurrenten von Ford Amerikas größten Medienkonzern ein, um das Hanfauto zu erledigen. Das war nicht schwer, denn William Randolph Hearst ging es ebenfalls ums Geld: Er war der größte Zeitungsbesitzer der Welt, und besaß das mächtigste Papier- und Holzimperium. Hanf war auf keinen Fall in seinem Interesse. Im ultranationalen Harry Anslinger fanden die Verschwörer den richtigen Bürokratenkopf in der Regierung, der für sie den Feldzug führte wie die Kreuzritter den Heiligen Krieg.

„Anslingers Großeltern stammten übrigens aus der Schweiz und Deutschland", grinste Harry. „Nur falls dich das interessiert."

Der Beamte aus Washington hinterließ einen Haufen verbrannter Erde, danach sprach keiner mehr vom Hanfauto. Und das bis heute.

„Stell dir nur vor, Ford hätte sich durchgesetzt", schwärmte Harry. „Wie viel Blutvergießen wäre dieser Welt erspart geblieben."

Der Trick der Verschwörer war einfach gewesen. Sie behaupteten, der von Ford verwendete Hanf sei Rauschgift. Tatsächlich stecken in Nutzhanf nur 0,2 Prozent Tetrahydrocannabinol.

„Tetra was?", fragte Harry.

Jetzt konnte ich mal glänzen. „Tetrahydrocannabinol. Psychoaktives Cannabinoid. Nur damit ist Marihuana und Haschisch wirksam."

„Ich will gar nicht wissen, woher du deine Kenntnisse hast", sagte Harry. „Noch ein Bier?"

Er hob zwei Finger, und der Mann an der Theke reagierte. Schneller als General Motors die Schrottpresse anwerfen konnte, standen frisch gefüllte Gläser vor uns.

„Noch ist nicht aller Tage Abend", fuhr Harry fort. „Mit der *new economy* wurden die Karten neu gemischt. Ich fuhr kürzlich ein Elektroauto auf einem Salzsee in Utah. Kleines Rennen gegen einen Porsche und einen Ferrari. Nach drei Sekunden haben die von mir nur noch die Rücklichter gesehen."

„Woher kommt das Geld?", wollte ich wissen. Schließlich ist kaum etwas teurer als ein Auto zu entwickeln.

„Silicon Valley", antwortete Harry. „Die schlauen Burschen mit dem ganzen Internetzaster treiben die Entwicklung voran."

„Und du?", fragte ich, „was ist deine Rolle?"

Harry tippte sich an den Kopf.

„Ideen und Erfahrung", sagte er, „braucht man immer. Ein Auto ist wie ein ungezähmtes Tier. Ohne Dompteur geht da nichts."

Ich dachte an die Gummiente. Sie war auch ein ungezähmtes Tier. Zumindest ihre Lenkung. Und ihre Bremsen. Und ihre lahmarschige Schaltung. Und, und, und. Doch sie war treu, und Treue musste belohnt werden. Morgen würde ich mit ihr die 5000 Kilometergrenze knacken, und ich hatte vor, das Ereignis gebührend zu feiern.

Und das tat ich auch. In der Nähe von Youngstown mit Muffins satt. Die Gummiente bekam einen Extraschuss Motorenöl, und außerdem putzte ich ihre Scheiben. Wir standen auf einem Parkplatz nahe des Highways, und waren zufrieden. Mensch und Auto, in Harmonie vereint.

Mittlerweile war die Landschaft waldig und hügelig geworden. Das waren die Appalachen, so etwas wie das Schwestergebirge der Rocky Mountains. Zwar nicht so hoch und nicht so breit und auch nicht so lang, aber trotzdem ganz schön wild. Die Gründe für Amerikas Wetterkapriolen sind auf diese beiden Gebirgszüge zurückzuführen. Sie laufen von Norden nach Süden und riegeln das Land von Ost- und Westwinden ab. Da es in den USA keine nennenswerten Quergebirge gibt, strömt im Sommer feuchtheiße Luft aus dem Süden ungehindert durch und schafft selbst in nördlichen Bundesstaaten Saunatemperaturen. Im Winter ist es umgekehrt: Kalte Winde aus Kanada gelangen tief in den Süden, und das in bedrohlicher Schnelle. So sorgen Sommer-Hurrikane dafür, dass selbst New Yorker Flughäfen die Schotten dicht machen müssen, während im Winter Blizzards von einer Minute auf die andere die gesamte Ostküste lahmlegen können.

Ich genoss die neue Landschaft. Es tat gut, mal wieder in einem Landstrich unterwegs zu sein, wo die Worte „Berg" und „Tal" nicht zu den ausgestorbenen Vokabeln zählten. Früher war die Gegend zwischen Pittsburgh und Cleveland die am meisten verschmutzte Region der Vereinigten Staaten gewesen. Früher heißt, als der Stahlkocher einen Beruf mit Zukunft hatte, und überall die Schlote qualmten. Wie im Ruhrgebiet sind diese längst erloschen, und nach Jahrzehnten des Niedergangs hat man nun auch hier den Strukturwandel eingeläutet. Kurz hinter Cleveland wollte mich ein Straßenschild nach Akron locken, doch ich hatte meinen Schwur aus Wyominger Tagen nicht vergessen. Nein, ich würde der Hauptstadt des Hamburgers nicht die Ehre eines Besuches erweisen. Dort werden neben Fleischklöpsen vor allem Autoreifen hergestellt – Goodyear, Firestone und Co. sandten deutliche Stinkzeichen herüber – und mein Gehirn puzzelte eine unliebsame Verbrüderung der beiden Industrien zusammen. Nutzten sie die gleichen Ingredenzien? Schmeckte ähnlich, was am Ende herauskam? Oder war ich einfach schon zu lange unterwegs bei mieser Ernährung?

Ich nahm mir vor, eine längere Pause in Washington einzulegen, um darüber nachzudenken.

Wie gesagt, das nahm ich mir vor. Natürlich kam es ganz anders.

Von Windmühlen und neuer Hoffnung

Wer Daniel Oliver Bachmann googelt, findet einen Eintrag, nämlich meine bescheidene Webseite. Wer es mit Stuttgart probiert, kann sich auf rund 93 Millionen Seiten festlesen. Berlin kommt auf über 366 Millionen Seiten, und bei Washington sind es satte 572 Millionen. Über Amerikas Hauptstadt ist also alles geschrieben, gefilmt und gesagt worden, so dass ich keine Ahnung hatte, was ich noch schreiben, filmen oder sagen könnte. Deshalb hatte ich vor zu schweigen. Ich wollte mich vors Weiße Haus stellen, über Amerika und seine Rolle in der Welt meditieren, und meine Gedanken schön für mich behalten. Daraus wurde nichts, denn meditative Stimmung kam gar nicht erst auf. Das Weiße Haus war so weitläufig abgesperrt wie der G-8-Gipfel, wenn die Mächtigen unserer Erdkugel den Gang des Schicksals wieder etwas zu ihren Gunsten verschieben und dabei keine Zaungäste möchten. Zum Glück hatte ich einen Feldstecher dabei, den zog ich raus, und tatsächlich, da hinten war die Hütte. Kleiner als gedacht. Fast schon mitleidserregend auch das Häuflein Demonstranten, die vor den Absperrungen ihre Parolen ins Nichts sangen. Da ging es nicht darum, wer über den Lauf der Welt bestimmte, sondern über den Mutterbauch. Es waren Abtreibungsgegner, und sie hielten Plakate hoch, auf denen zu lesen war:
„Abtreibung ist Mord!"
Und: „Obama unterstützt Abtreibung!"
Es gibt kaum ein Thema, welches Amerikaner so auf die Palme bringt wie *abortion*. Militante Abtreibungsgegner haben in den letzten Jahren eine Vielzahl von Anschlägen auf Abtreibungskliniken verübt, mit zum Teil tödlichen Folgen.

Mit ihrem endlosen Mantra im Ohr, „abortion is murder" und „Obama supports abortion", stand ich da, und
wusste nicht, was mit mir anfangen. Es begann zu reg-
nen, und irgendwie lud das alles nicht zum Verweilen
ein. Für meinen Geschmack waren auch zu viele Leute
in Uniform unterwegs. Selbst in Lhasa, der Hauptstadt
von Tibet, hatte ich kein derart massives Aufgebot an
Soldaten gesehen. Es gibt Städte, in die fährt man nur,
damit man wieder wegfahren kann, und es schien, als
wolle sich Washington in diese Liste einreihen. Vielleicht war ich auch deprimiert, weil ich Abschied von
der Gummiente nehmen musste. Ich hatte mir vorge-
nommen, mit dem Zug weiterzufahren, was in Amerika ein rares Vergnügen ist. Viele Verbindungen stehen
nicht zur Auswahl, doch von Washington fährt eine
Bimmelbahn Richtung New York, und von dort weiter nach Boston. Dieser Zug ist nicht gerade mit einem
ICE oder TGV vergleichbar, aber auch nicht museums-
reif. Er erinnert an die schönen Zeiten vor dem Hoch-
geschwindigkeitswahn, als man mit gemütlichen 80
Stundenkilometern durch die Landschaft zuckelte,
und trotzdem pünktlicher als heute ans Ziel kam.
Doch wie sollte ich es ihr beibringen? Wie der Gummiente sagen, dass sich unsere Highways trennten?
Sich auf Französisch verabschieden? Das war nicht
meine Sache. Ihr ein letztes Becherchen Motorenöl
einflößen, nochmals auf gute und schlechte Kilometer zurückschauen? Die Zukunft preisen, wo jeder
von uns seine eigene Straße fahren würde, womöglich eine neue Beziehung eingehen konnte? Ich kam
mir schlecht vor, was kein Wunder ist, denn in unserer Familie pflegt man eine emotionale Beziehung
zum Automobil. Unsere erste Familienkutsche war
ein DKW gewesen, der Augenstern meines Vaters.
Ein sogenannter Großer DKW, mit der kryptischen
Bezeichnung 3=6 Typ F93/F94. Satte 38 PS steckten

unter seiner eleganten Kühlerhaube. Zu Zeiten, als ich johlend auf dem Rücksitz meinen Schwestern an den Haaren riss, während mein Vater den Wagen stoisch über den Maloja-Pass gen Italien steuerte, hatte unser Großer DKW schon 15 Jahre auf dem Buckel. Dazu kamen nochmals fünf, bis es auch für diesen R2-D2 der deutschen Autoindustrie hieß, ab auf den Schrottplatz. Da harrte er Woche für Woche eines ungewissen Schicksals, und Woche für Woche stattete ihm Familie Bachmann einen Besuch ab. Zu fünft plus Hund standen wir um das Auto, und meine Mutter fragte: „Können wir ihn nicht einfach wieder mitnehmen?" Dann, eines schlechten Tages, betraten wir den Ort des Schreckens, und sein Platz war leer. 3=6 Typ F93/F94 war von uns gegangen, den Weg alles Irdischen, und bei uns Kindern flossen Tränen. Ich weiß nicht, was unser Hund von all dem hielt, aber ich habe so eine Ahnung. Er war immer der Erste, der zu winseln begann.

So wie damals fühlte ich mich, als ich jetzt die Gummiente in die Tiefgarage der Autovermietung steuerte.

„Mach uns keine Schande", flüsterte ich, während ein bebrillter Inspektor wie der Forensiker einer Gerichtsserie um den Wagen schlich, um verräterische Spuren zu finden. Aber da waren keine, außer hier und da ein Minikratzer. Irgendwann setzte Mister Brille seinen Servus auf ein Blatt Papier, drückte es mir in die Hand.

Danach ging alles ganz schnell, wie bei jeder Scheidung. Mister Brille klemmte sich hinters Steuer, und die Gummiente verschwand aus meinem Blick. Der war aber auch irgendwie schlecht heute, irgendwie ganz verschwommen.

Droben im Büro reichte ich den Beleg über die Theke, bekam dafür eine Quittung, und betrat als freier

Mann die Straße. Eine Weile stand ich verloren in der Gegend herum, dann marschierte ich wieder rein.

„Können Sie mir ein Taxi rufen?", fragte ich.

„Um die Ecke gibts welche", war die Antwort.

Also ging ich um die Ecke. Ein paar hässliche Autos standen da und behaupteten von sich, Taxis zu sein. Ich überwand meine Abscheu, stieg ein, und ließ mich zum Bahnhof kutschieren.

Dort kletterte ich in den Zug Richtung *Big Apple*: Der Acela Express X 2172 verließ Washington um 16 Uhr, und hatte vor, New York City um 18:48 Uhr zu erreichen. Ich setzte mich, und wusste erst mal nicht, was ich mit den Händen anfangen sollte. Wo war denn hier das Lenkrad? Darum sah, wer mich beobachtete, wie ich winkte, und das galt nicht dem Weißen Haus, den Demonstranten, der Armee von Polizisten, sondern einzig und allein der Gummiente.

Aber es beobachtete mich keiner. Ich saß alleine im Abteil.

Das sollte sich bald ändern. Wie es sich für eine Bimmelbahn gehörte, plante der Acela Express einen Stopp an jeder Milchkanne. Weil es von denen zwischen Washington und New York nicht so viele gab, hielt er statt dessen an jedem Haus mit Amerikafahne im Garten. Anders als im Westen wurde hier noch ordentlich Flagge gezeigt, was gut zu meiner Lektüre passte. Ich hatte die Wochenendausgabe der New York Times auf dem Schoß, ein zehn Kilo schweres Papierbündel, vielleicht die dickste Zeitung der Welt. Die Nachrichten darin waren schlecht. Schlagzeile Nummer Eins war: George W. Bush und „seine Kriegstreiber setzen bis zum letzten Blutstropfen ihre *trigger-pulling-policy* fort". Ich las den Artikel zweimal, denn eigentlich gehört die New York Times zu den Zeitungen, die sich gerne etwas gewählter ausdrücken. Doch jetzt war vom „Irrweg eines Psychopathen" zu lesen, was kein Zweifel daran ließ, dass man mittlerweile auch in den Redaktionsstuben der einzigen Zeitung Amerikas, die bis dato 98 Pulitzerpreise gewann, die Nase vom Texaner gestrichen voll hatte. Aber die Macht war nicht mit den Redakteuren, sondern mit der dunklen Seite: *Pull the trigger*, zieh den Abzug durch, nannte die Regierung ihre neuesten Pläne. Bush erteilte darin den *Special Forces* in Pakistan in James-Bond-Manier die Lizenz zum Töten, und zwar ohne die Regierung des Landes vorher zu konsultieren. Zusammen mit der Meldung, dass Amerika in diesem Jahr einen neuen Rekord an Waffenverkäufen aufgestellt hatte, ergab sich ein schauerliches Bild: Raketen, Panzer, Artillerie, Bomben und weiß der Teufel alles, waren für 30 Milliarden Dollar über den Ladentisch gewandert. Regierungssprecher Bruce Lemkin bemerkte dazu zynisch: „Es geht uns nicht darum, Geschäfte abzuschließen. Es geht uns darum, die Welt sicherer zu machen."

Mittlerweile fragte ich mich, ob sich so wohl ein Amerikaner gefühlt hatte, der in den 30er Jahren durch Nazideutschland fuhr. Da saß ich im mittlerweile gut gefüllten Zug mit diesem Packen schlechter Nachrichten von einer Regierung, die alle demokratischen Grundregeln außer Kraft setzte, und schielte voller Neid zu meinem Sitznachbarn hinüber, der seine Nase in einem interessanten Schmöker stecken hatte. Irgendwann hielt ich es nicht mehr aus.

„Gutes Buch?", fragte ich, und die Antwort kam prompt: „Besser als gut. Sind jede Menge Windmühlen drin."

Das kam nun doch einigermaßen überraschend. Ich ging im Geist alle Bücher durch, die ich jemals gelesen hatte, aber es wollte mir kaum eines einfallen mit

Windmühlen drin. Cervantes Don Quijote natürlich, aber danach sah die Lektüre nicht aus.

„Green Mars", half mir mein Nachbar auf die Sprünge. „Nicht zu verwechseln mit Red Mars oder Blue Mars."

„Auf keinen Fall", antwortete ich. Ich kannte keinen dieser Titel. Weil wir in Amerika waren und man das hier so macht, streckte ich die Hand aus und sagte „I'm Daniel". Mein Nachbar streckte ebenfalls die Hand aus: „Nice to meet you. The name's Garrett."

Die Sache klärte sich auf: Garrett arbeitete als Ingenieur für einen Windanlagenhersteller in Vermont. Kein Wunder, dass ihn Kim Stanley Robinsons Mars-Trilogie faszinierte. Aus der stammte sein Buch, und Garrett erzählte mir die Geschichte hinter der Geschichte. Bei der Besiedlung des Mars durch die Menschen stießen diese auf alle Probleme, welche sie auf der Erde scheinbar zurückgelassen hatten. Wie zum Beispiel naturzerstörende Energiegewinnung.

„Das nenne ich eine gelungen Allegorie", sagte Garrett. „Der Typ weiß, von was er schreibt. Ich komme gerade aus Husum zurück, da hatten wir ganz ähnliche Themen."

Mein Gesicht war ein einziges Fragezeichen.

„Husum, Germany, kennst du nicht?"

Jetzt fiel der Groschen: Im schönen Husum findet jedes Jahr eine bedeutende Messe für Windenergie statt. Davon weiß ich, weil ich vor einigen Jahren einen Dokumentarfilm über Energiegewinnung durch Windkraft drehte. Der Film brachte mich zwar nicht nach Schleswig-Holstein, dafür nach Huitengxile in der Äußeren Mongolei, wo der größte Windpark Chinas entstand. Das Reich der Mitte hatte die USA als größten Umweltsünder der Welt überholt, und die 67000 Tonnen Kohlendioxid, welche die Anlage pro Jahr einsparen sollte, war ein erster Beitrag in den Anstrengungen Chinas, grüner zu werden.

„Going green", sagte Garrett, „wird auch bei uns zum Thema."

„Davon merkt man bisher wenig", antwortete ich. Offenbar hatte mir die Lektüre der New York Times doch etwas auf den Magen geschlagen.

„Wir sind nicht so weit wie ihr", sagte Garrett, „doch das wird sich ändern."

Garrett tat das Seinige dazu: Ein großes Problem von Windanlagen ist, dass es immer dort schön bläst, wo es besonders ungemütlich zugeht. Auf Bergspitzen, am Meer, im hohen Norden. Wenn dann die Temperaturen in den Keller fallen und Rotorblätter vereisen, muss die Anlage abgeschaltet werden. Abgeschaltete Anlagen liefern keinen Strom, das sieht jeder ein. Außerdem belastet der Neustart die Mechanik der Maschine. Aus diesem Grund entwickelte Garretts Firma Rotoren, die nicht mehr vereisen konnten.

„Auf dem Mars gibts das schon", lachte er. „Wird Zeit, dass wir die Technologie auf die Erde bringen."

Garrett erwies sich als wahrer Connaisseur von Science Fiction-Literatur. Von den Windmühlen kamen wir zu seinen Lieblingen Stanislaw Lem und Philipp K. Dick.

„Philipp", sagte er, „war ein Genie."

Darüber ist sich die Literaturwissenschaft zwar uneins, die Fans aber nicht. Auch Hollywood lächelt zufrieden bei Nennung dieses Namens. Einige der erfolgreichsten Filme der letzten Jahre basieren auf Dicks Geschichten: „Minority Report" mit Tom Cruise, „Die Totale Erinnerung" mit Arnold Schwarzenegger, „Next" mit Nicolas Cage, oder „Blade Runner" mit Harrison Ford. Vorlage für diesen Film war Dicks Kurzgeschichte „Träumen Androiden von elektrischen Schafen?", und darin sieht die Zukunft der Menschheit gar nicht gut aus. Garrett hatte sich auch an „The Exegesis" gewagt, ein Werk von über 8000 Seiten, von denen ein paar Tausend nach dem überraschenden Tod des Autors publiziert wurden. Großartige Lektüre, meinte Garrett, aber zum Lesen brauchte man, was Philipp K. Dick den Gerüchten zufolge zum Frühstück, Mittagessen und Abendbrot eingenommen hatte:

„Amphetamine", sagte Garrett. „Jede Menge davon."

Dick war schon während der *Beat Generation* Ende der 50er Jahre mit Drogen in Berührung gekommen. Damals liebäugelte er mit den amerikanischen Kommunisten, was ihm prompt Ärger mit dem Geheimdienst bescherte. Zeit seines Lebens fühlte er sich von FBI und CIA verfolgt, und das wahrscheinlich nicht zu Unrecht. Kein Wunder, legen sich die Protagonisten seiner Geschichten gerne mit übermächtigen Organisationen an. Anders als üblich gibts bei ihm nur selten ein Happy End. Was Hollywood natürlich nicht dulden konnte. So kams, wie's kommen musste: Ridley Scott wurde gezwungen, dem Klassiker „Blade Runner" ein schmieriges Zuckerwattenende zu verpassen, was niemand mehr fuchste als den Regisseur selbst. Zehn Jahre später brachte er auf eigene Kosten seine Version des Films in die Kinos.

Wegen den von Schafen träumenden Androiden hätte ich um ein Haar den Halt an der nächsten Milchkanne verpasst. Die nannte sich New York City, Penn Station. Eilig verabschiedete ich mich von Garrett, gelobte hoch und heilig, Robinsons Mars-Trilogie zu lesen und außerdem fest daran zu glauben, dass Windkraft nicht nur auf dem Mars, sondern auch in Amerika eine Chance bekam. Dann stolperte ich aus dem Zug auf einen düsteren Bahnsteig, fuhr eine Rolltreppe hoch und es ward Licht. Penn Station, der größten Bahnhof Amerikas, hatte mich wieder!

Hello, Big Apple, I am back!
Ein paar hunderttausend Menschen drängten sich durch die unterirdischen Hallen und Gänge, doch keiner drehte sich nach mir um. Na so was. Also beschleunigte ich ebenfalls meinen Schritt, denn wer bummelt, kommt hier nicht weit, und stürzte mich in den mörderischen Kampf um ein Taxi.

„It's over", seufzte Paul. *„America is over."*
Darf es wahr sein, dachte ich, jetzt heulen schon die New Yorker in ihre Taschentücher? Die doch zur härtesten Brut im Lande zählen, was das Schicksal auch immer wieder von ihnen verlangt. Doch was Bin Laden nicht gelang, was George W. Bush nicht gelang, dem Schwarzen Montag schien es zu gelingen: New York ging in die Knie. Nie zuvor sang man mir am Ufer des Hudson River so häufig das gleiche Lied vor: Amerika war am Ende.
Gestern war ich angekommen, ein Tag später krachte die Börse zusammen. Das nenne ich *timing*.
Jetzt war es 15 Uhr am Schwarzen Montag, und ich hockte an der Bar im Harry's am Hanover Square, einem bekannten *Wall Street Hangout*. Hier trank man normalerweise auf die Siege des Tages, doch heute war es anders. Heute war alles anders. So anders, dass keinem auffiel, dass ich der einzige männliche Gast ohne Krawatte war. Vermutlich war ich auch der Einzige, der keinen in der Krone hatte. Paul neben mir hatte jedenfalls mächtig einen sitzen. Vor zehn Minuten hatten wir uns kennen gelernt, jetzt nannte er mich seinen Freund.
„Früher hat sich Unsereins bei dieser Gelegenheit aus dem Fenster gestürzt", lallte er, und dachte wohl an den legendären Börsencrash von 1929. „Nicht mal dazu haben wir noch den Mut."
Er hob zwei Finger, verlangte Stella Beer. „Eins für meinen Freund, eins für mich", sagte er.

Dann wollte er wissen: „Wo kommst du her?"
Ich gab Auskunft.
„Germany", sagte er. „Sei froh."
Das hört man nicht all zu häufig an der Wall Street.
Normalerweise kennt das Ego der Geldfuzzys keine
Grenzen. Wen wunderts, fängt schon das Einstiegs-
gehalt eines Nullachtfünfzehn-Analysten frisch von
der Uni bei 150 000 Dollar an. Netto, versteht sich. Eine
Stufe höher, als *Banking Associate*, verdienen Jung-
spunde um die 3 000 000 Dollar. Danach gibts kein
Halten mehr. Vikram Pandit, der Boss der Citigroup
Bank, häufte in seiner kurzen Amtszeit ein Vermögen
von 1,4 Milliarden Dollar an. Auch wenn die New
Yorker Tageszeitungen hämisch darüber berichteten,
dass von diesem Geldhaufen nach dem Schwarzen
Montag nur 400 Millionen übrig geblieben waren, ist
das immer noch mehr als Dagobert Duck jemals in
seinem Geldspeicher hatte. Selbst wenn jetzt die Pan-
zerknacker in Form von Pleiten, Pech und Pannen
zuschlugen, sind 400 Mios doch noch immer ein wei-
ches Polster. Viel schlimmer als die Superreichen, die
sich am Ende des Arbeitstages vom Heliport am East
River zu ihren Villas in den Hamptons fliegen lassen, traf es Leute wie Paul. Die meisten Wall-Street-
Mitarbeiter leben nicht anders als ihre Mitbürger mit
normalen Jobs: Sie leben auf Pump. Von Häusern
über Autos bis zum Handy wird alles über Kredit-
kauf finanziert. Nach Angaben der Federal Reserve
sind über 80 Prozent aller amerikanischen Haushalte
überschuldet. Um das rauszufinden, braucht man
nicht einmal Statistik. Es genügt, fünf Minuten Fern-
sehen zu schauen. Egal, auf welchem Kanal, überall laufen die Werbespots der Umschuldungsfirmen.
Beliebter Slogan: „Mach dein Leben wieder lebenswert – komm runter von den Schulden." Ob's hilft?
Schließlich gilt noch immer das Verdikt von André

Kostolany, dem ungarischen Anlagepapst: „Es gibt
nur eine Regel: Einfach mehr einnehmen als ausge-
ben." Die aber war in Amerikas Konsumrausch irgendwo auf der Strecke geblieben.

Drei Runden und unzähliger *it's over* später wankte
Paul zum Ausgang. „Muss meiner Frau sagen, dass
unser Haus nicht mehr unser Haus ist", sagte er. Irgendwie tat er mir Leid. Obwohl in Tom Wolfes Roman „Bonfire of the Vanities" oder in Brat Easton Ellis'
Buch „American Psycho" oder in Oliver Stones Film
„Wall Street" amerikanische Finanzjongleure nicht
im besten Licht erscheinen, wollte ich seinen Gang
nach Canossa nicht antreten müssen. Ich winkte Peter
Poulakakos, dem Besitzer von Harry's, und fragte ihn
nach seiner Meinung. Schließlich hatte er hinter seiner
Bar schon allerhand erlebt: Den Schwarzen Montag
von 1987, den Crash des Nikkei-Index 1990, das Plat-
zen der Dotcom-Blase 2000, der Sturz ins Bodenlose
nach den Anschlägen vom 11. September.

„Seit gestern", gab er so exakt wie ein Aktienanalyst
zu Antwort, „habe ich 88 Prozent mehr Bier verkauft.
Eine Baisse ist immer gut für den Durst."

So funktioniert unsere Welt. Wo es Verlierer gibt,
gibt es auch Gewinner. Und umgekehrt.

New York ist ein Ballungszentrum, in dem über 20
Millionen Menschen leben. New York ist auch eine
Stadt, in der man anders als in vielen amerikanischen Städten gut zu Fuß unterwegs sein kann.
Seit der frühere Bürgermeister Rudolph William
Louis „Rudy" Giuliani III – ist das nicht ein Name?
– den eisernen Besen geschwungen hatte, geht das
sogar meist auf Nummer Sicher. Davor war Guiliani Bundesstaatsanwalt von New York, und in dieser Funktion hatte er schon einmal kräftig geübt. Er
führte Anklagen gegen die Bosse der Fünf Familien

der *Cosa Nostra*, aber auch gegen die Wall-Street-Schlitzohren Ivan Boesky und Michael Milken, die durch ihre Junk-Bond-Spekulationen den Crash von 1987 fast im Alleingang zu verantworten hatten. Zur selben Zeit sorgte eine Crack-Epidemie mit dafür, dass New York zur Stadt mit der höchsten Verbrechensrate wurde. Als die verunsicherten Bürger Guiliani zum Bürgermeister wählten, setzte dieser eine Politik durch, die er „Null Toleranz" nannte. Auch wenn ihn seine Gegner einen Faschisten schimpften, änderten sich die Verhältnisse. Mittlerweile kann man selbst in der Lower East Side spazieren gehen, was in den 80ern eine höchst ungesunde Idee gewesen wäre.

„Doch jetzt schlägt das Pendel zurück", sagte Marianne Barcellonna. Gerade traten wir aus ihrem Atelier unter der Brooklyn Bridge, die sich direkt über unseren Köpfen in mächtigen Bögen hinüber nach Manhattan spannte.

„Du musst es ja wissen", antwortete ich. Schließlich lebte Marianne seit 40 Jahren in der Stadt. In den wilden Zeiten von Warhols Factory war sie Andys Haus- und Hof-Fotographin gewesen. Seither gab es kaum eine Berühmtheit, die nicht irgendwann vor ihrer Linse posiert hatte. Mittlerweile hatte sie sich auch einen Namen als Malerin gemacht. Normalerweise war Politik nicht ihre Sache, aber heute war nicht normalerweise. Heute war eine Woche nach dem Schwarzen Montag.

„Als ich das Atelier bezog", erzählte sie, „lag rundum ein düsteres Viertel. Es gab nicht mal Straßenlampen. Ich habe mich nur tagsüber hergetraut. Kaum vorstellbar heute."

Sie hatte Recht. Um uns wogte das DUMBO-Festival. DUMBO stand für *Down Under the Manhattan Bridge*, wo sich mittlerweile mehr als 600 Künstler angesiedelt hatten. New Yorks Erscheinungsbild hatte sich grundlegend geändert, doch nun ging die Angst um, dass die Goldenen Zeiten vorbei waren.

„In den 80ern haben sie in der Bronx ganze Häuserzeilen abgefackelt. Rückte die Feuerwehr an, wurde sie beschossen", sagte Marianne. „Heute lebt dort die Mittelschicht."

In den letzten Tagen hatte ich allen fünf Stadtteilen von New York einen Besuch abgestattet. Ich habe so eine Angewohnheit, immer der Nase nach zu gehen, ohne Hilfe einer Karte. Das bringt mich zuverlässig zu den schönsten Ecken. Ich startete meine Wanderungen in Brooklyn, wo ich mir im Viertel Williamsburg eine Wohnung gemietet hatte. Kilometer um Kilometer lief ich durch die Straßen, denen Mario Puzo und Norman Mailer so manches literarisches Denkmal gesetzt hatte. Dann war Queens an der Reihe, die Bronx, Staten Island und Manhattan. So weit ich sehen konnte, gabs nur in Gegenden mit *housing projects*, dem amerikanischem Pendant der Plattenbausiedlung, soziale Brennpunkte. Ansonsten: South Chicago oder West Hollywood lagen auf einem anderen Planeten.

„Ohne funktionierende Wall Street geht der Stadt aber schnell das Geld aus", sagte Marianne. Diese Meinung vertraten eine Menge Leute, denn der Finanzsektor war mit 470000 Jobs größter Arbeitgeber der Stadt. In nur einer Woche hatten dort 50000 Menschen ihre Arbeit verloren. Da es in New York kaum produzierendes Gewerbe gibt, prophezeiten die Analysten einen Anstieg von *leisure jobs*: Dazu zählen DJs, Bartender, Hot-Dog-Verkäufer, und andere Dienstleistungen im Freizeitgewerbe. Allein in Manhattan schlagen sich bereits 370000 Leute auf diese Weise durch – mit Minieinkommen und ohne Krankenversicherung.

„Was mir ebenfalls Angst macht", fuhr Marianne fort, „ist die Korruption. Es gibt immer mehr Typen vom Schlage eines Charles Rangel."
Dessen Geschichte geisterte seit Wochen auf den ersten Seiten der Tageszeitungen herum. Rangel war Kongressabgeordneter. Kein kleiner Fisch, sondern fürs nationale Steuergesetz zuständig. Vor ein paar Jahren hatte er sich eine Villa in der Dominikanischen Republik unter den Nagel gerissen, wobei einiges nicht mit rechten Dingen zuging. Die vermietete er für gutes Geld, vergaß aber ganz, dafür auch Steuern zu bezahlen. Das allein brachte das Volk noch nicht auf die Palme. Dafür seine faule Ausrede, als die Sache aufflog, dass er kein Spanisch könne. Und die Burschen dort unten würden nur in dieser unverständlichen Sprache reden. Da schwoll seinen Wählern der Kamm. Denn Rangels Wahlbezirk lag ausgerechnet in East Harlem, dem puerto-ricanischen Viertel von New York. Dort spricht man vor allem eines: Spanisch. Jetzt fragten sich die Leute: Wen hat Rangel mehr beschissen? Seine Wähler oder den Staat? Die einflussreiche *watch group* „Citizens for Responsibility and Ethics" fackelte nicht lange und setzte ihn auf Rang Eins ihrer Liste der zwanzig meist korrupten Politiker im Kongress.
„Allein, dass es diese Liste gibt, zeigt doch, wie sehr wir auf den Hund gekommen sind", sagte Marianne.
Ich sprach ihr Trost zu. Wir hatten auch unsere Minister Hans Friderichs und Otto Graf Lambsdorff, die sich von einem schwerreichen Industriellen namens Flick kaufen ließen. Wir hatten einen Bundestagspräsidenten Rainer Barzel, der die Hand aufhielt, und einen Kanzler Kohl mit seinen schwarzen Kassen. Wir haben eine Partei, die den Namen „Christlich" führt, sich aber nicht davor scheut, Geld eines international gesuchten Waffenschiebers anzunehmen.

„Denkst du manchmal auch, dass die Demokratie am Ende ist?", fragte Marianne.
„Ist sie nicht", antwortete ich, „solange solche Schweinereien noch aufgedeckt werden."

Ich hatte nie zuvor in Williamsburg gewohnt, und nach ein paar Wochen liebte ich „mein Viertel". Um die Ecke lag die Bedford Avenue, die auf der Höhe meiner Querstraße eine polnisch-russische Welt war. Ein paar Straßen weiter wurde sie asiatisch. Noch ein paar Straßen weiter mexikanisch. Dort befand sich auch die Williamsburg Bridge, und über eine Rampe gelangte ich hinauf auf den Fußweg. Es gab nichts Schöneres, als nachts nach Manhattan zu spazieren, mitten hinein in diesen glitzernden Diamanten.
Auf dem Weg zurück machte ich Halt in einer der zahllosen Kneipen, die keine Sperrstunde kannten. Das Viertel wurde gerade „hip", überall öffneten neue Geschäfte. Schicke Bars entstanden in Lagerhallen, wo vor nicht allzu langer Zeit noch Fleisch verpackt worden war. Dann passierte, was passieren musste: Ich landete im angesagtesten Laden von Brooklyn. Das war zur Zeit die Radegast Hall, ein *authentic beergarden* in der 113 North 3t. Street, blau-weiß beflaggt von oben bis unten. Zu Ehren des „Ozapft is" 6000 Kilometer östlich in *Old Germany* spielte der Radeberger Spielmannszug, was die New Yorker voller Freude „Oom-pah-music" nennen.
Ich setzte mich auf eine original Bierbank mit einer original Maß Bier vor mir, und fühlte mich wie der Münchner im Himmel, der Alois Hingerl, seines Zeichens Dienstmann Nummer 172 auf dem Hauptbahnhof der bayerischen Landeshauptstadt. Wie er auf Wolke 7 bestellte ich noch a Maß und noch a Maß und noch a Maß, und Himmi-Herrgott-Erdäpfi-Saggarament, weils so gemütlich war in der Radegast

Hall, wartet die amerikanische Regierung noch heute auf die göttlichen Ratschläge.

Neben mir kauerte ein tätowierter Jüngling mit einer Frisur wie Mr. T im Film Rocky III, was eigentlich kaum mehr der heutigen Mode entspricht. Er starrte schweigend in sein Bier. Als ich schon dachte, vielleicht ist er stumm, so was kanns ja geben, blickte er auf.

„Dieses Jahr wurden in New York 268 Banküberfälle verübt", sagte er. „Die Täter erbeuteten durchschnittlich 4800 Dollar. Sechs von zehn Banküberfällen wurden aufgeklärt."

Danach verstummte er wieder.

Der Radeberger Spielmannszug spielte einen Tusch.

Aus meiner Wohnung raus, die Straße runter, keine 300 Meter entfernt, lag der East River. Auf der anderen Seite des Flusses trutzten die Steinburgen von Manhattan, auf meiner warf ein Fischer seine Angel aus. Ich schaute ihm zu. Eine viertel Stunde, eine halbe Stunde, eine Stunde, ich schaute noch immer zu. Er hatte die Ruhe weg, wie das so die Art von Anglern ist. Die Fische im Wasser, falls es sie geben sollte, blieben ebenfalls relaxt.

Der East River, ein Seitenarm des Hudsons, umschließt Manhattan auf der östlichen Seite. In den Straßenschluchten der Stadt vergisst man mitunter, dass man sich auf einer Insel befindet. Noch vor 400 Jahren gehörte das alles Indianern vom Stamm der Algonkin und Irokesen. Sie nannten die Fremdlinge aus Europa *Swanekken* – Salzwasserleute. Anders als in Boston und Connecticut wurde New York ja nicht von puritanischen Siedlern gegründet, sondern von Händlern. So sollte es auch acht geschlagene Jahre dauern, bis einmal eine Kirche errichtet wurde. Dafür konnte man schon 1844 auf den Straßen von

Neu-Amsterdam 18 verschiedene Sprachen hören. Multikulturalität war der Betonpfeiler, auf den die Stadt baute. Nirgendwo in Amerika wurde die Idee des *melting pots*, des Schmelztiegels der Nationen, so überzeugend in die Tat umgesetzt wie hier.

„Der Eindruck täuscht", widersprach Emily Raboteau. „Es gibt keine Vermischung."

Das hatte sie gestern zu mir gesagt. Wir saßen im Miss Maude's am Malcom X Boulevard in Harlem. Hier servierte man *Soul-Food* à la Louisiana, südliches Essen nicht nur für den Leib, sondern für die Seele: *Spoonbread, Roast Chicken with Chestnuts, Uncle John's Ribs of Beef,* dazu *Chocolate Punch* und Bier der lokalen Brauerei vom Sugar Hill. Ich haute kräftig rein, während Emily das Essen mit der Gabel von rechts nach links und von links nach rechts über den Teller schob.

So kannte ich das. Ich hatte sie während eines Schriftstellertreffens in Schottland kennen gelernt. Emilys neuer Roman „The Professor's Daughter" war soeben erschienen, und der *Guardian* hatte ihr scharfsinniges Essay über Barack Obama abgedruckt. In beiden Werken ging es um Amerikas Probleme mit *mixed cultures*. Emily wusste, von was sie schrieb: Ihre Mama ist weiß, ihr Vater der erste schwarze *Dean* der Princeton Universität.

„Die ersten Jahre wohnten wir außerhalb vom Campus", erzählte Emily. „Paps hatte ein anständiges Auto, wie es sich für einen *Dean* gehört. Fuhr er morgens zur Arbeit, wurde er regelmäßig von den Cops gestoppt. Ein Schwarzer in so einem schicken Wagen musste entweder Zuhälter oder Drogendealer sein." War er aber nicht. Sondern der Dekan der katholischen Fakultät einer amerikanischen Eliteuniversität.

In „The Professor's Daughter" spiegelt Emily ihre Familiengeschichte wieder, die typisch ist für viele

Schwarze. Ihr Vater, in Armut am Mississippi aufgewachsen, musste als Kind noch mit ansehen, wie
sein Dad, Emilys Großvater, von Weißen öffentlich
gelyncht wurde. Trotzdem gelang es ihm – oder
vielleicht gerade deshalb – dem Elend zu entkom-
men und Karriere zu mache, um am Ende trotzdem
Tag für Tag von Polizisten abgepasst zu werden.
„Schwarz zu sein", sagte Emily, „oder braun oder
irgendetwas dazwischen ist in Amerika noch immer
ein Zeichen der Zweitklassigkeit. Es gibt kaum Vermischung. In New York ist das nicht anders. Auf den
ersten Blick erscheint es wie ein *melting pot*. Die Leute
arbeiten zusammen, zumindest in einigen Branchen.
Aber sie leben nicht zusammen. Die Kulturen bleiben
unter sich. Es gibt nur einen kulturellen Gleichma-
cher in der Stadt: Das ist die *Subway*."
Der berühmte A-Train, von Duke Ellington zur
Unsterblichkeit gesungen, hatte mich nach Harlem
gebracht. Ich hatte tatsächlich das Gefühl gehabt, die
ganze Welt saß mit im Waggon.
„Obama schafft neue Hoffnung", sagte Emily. „Die
Hoffnung auf Änderung. So etwas hat es in diesem
Land schon lange nicht mehr gegeben."
„Was passiert, wenn er die hohen Erwartungen nicht
erfüllt?", fragte ich.
„Dann …", sagte Emily und schob ihr Essen über den
Teller. Von rechts nach links, von links nach rechts.
„Dann …?"
Sie sprach nicht aus, was mir viele in den letzten
Monaten gesagt hatten. Dann kommen wir alle nach
Europa und bitten um Asyl. Sie hatten es im Spaß ge-
sagt – aber es steckte immer einiges an Ernst dahinter.
„Dann", fuhr Emily fort, „behalten meine Eltern
Unrecht. Sie sagten, *you are a product of America's most
optimistic moment*. Obama, ähnlicher Abstammung,
ist ebenfalls ein Produkt dieses Optimismus."

In diesem Augenblick trat der Wirt an unseren Tisch. „Keinen Hunger?", fragte er Emily, als er meinen leeren und ihren vollen Teller sah.

Er trug ab und meinte, „ich packs dir ein. Der Appetit kommt, du wirst sehen."

Als wir gingen, hatten wir ein Päckchen Essen mit dabei. Das war gut so. Soul-Food ist schließlich nicht nur für den Leib, sondern für die Seele gedacht. Und die musste einiges an Hunger erleiden im Amerika der letzten acht Jahre.

Daran dachte ich, als ich dem Fischer zusah, wie er seine Angel auswarf, einholte, auswarf, einholte, wieder auswarf.

Dann holte er sie ein letztes Mal ein.

„Beißen sie nicht?", rief ich.

Er sah mich misstrauisch an. Ich schlenderte zu ihm.

„Man braucht keine Genehmigung zum Angeln", sagte er.

Oha. Da verwechselte mich wohl jemand mit der Behörde. Das passiert einem auch nicht alle Tage. Ich stellte klar, dass ich koscher war – *Germany, Black Forest, yes, I like the cake* – und das löste die Spannung. Der Angler hieß Mike. Er liebte sein ungewöhnliches Revier.

„Brackwasser", sagte er. „Teils süß, teils salzig. Oben in der Bronx, am Hell Gate, trifft der Long Island Sound auf den Harlem River. Für Fische ist das wie die Wall Street für die Geldsäcke."

Er machte eine abfällige Kopfbewegung nach Manhattan hinüber. Offensichtlich hatten es sich die Anzugträger auch bei der Fischerschaft von New York verdorben.

„Ich hab' hier schon Hechte und Zander rausgeholt", sagte Mike. „Aber jetzt muss ich arbeiten."

„Im Fischergewerbe?", fragte ich.

Mike grinste. „Wie man's nimmt. Hab 'ne Bar. Geangelt wird da auch. Komm vorbei, ist nicht weit."

Er gab mir eine Adresse in der Nähe von Flushing Meadows. Nicht weit war gut. Eine Stunde Fahrzeit im Bus. Nach oben offen auf der amtlichen Stauskala. Mike machte sich auf den Weg, ich blieb sitzen. Irgendwo hinter New Jersey versank die Sonne und ließ mit ihren Strahlen die Fassaden der Wolkenkratzer aufleuchten. Im Empire State Building wurden Lichter angeknipst, auf dem Art-Deco-Dach vom Chrysler-Building tanzten Superman und Superwoman ein gewagtes Tête-à-tête. In elegantem Bogen flog ein Wasserflugzeug über mich hinweg und landete auf dem Fluss. Von den Heli-Ports am Ufer stiegen Hubschrauber auf, stoben in alle Richtungen davon.

Was für eine Stadt!

Was für eine Stadt.

Kommt dieser Gedanke, wird es Zeit, weiterzuziehen. Als Nomade muss man mit New York vorsichtig umgehen. Die Stadt ist wie ein Magnet. Herkommen ist leicht, wegkommen sehr schwierig.

Der Amerikanische Traum im Land der Pilgerväter

Raus aus der Stadt und rein ins Land. Wieder saß ich in der Bimmelbahn, draußen vor dem Fenster zog New York vorbei. Zog New Jersey vorbei. Zogen Englewood und Demarest vorbei. Und dann war plötzlich Schluss mit Häusern, und die Landschaft wurde grün. Der *Acela Express* trug mich in die Ecke des Landes, wo europäische Siedler das erste Mal den Kontinent betreten hatten. Aber sie waren sie nicht die Ersten gewesen: Die Indianer – von Kolumbus fälschlicherweise so genannt, da er sich in Indien wähnte – wanderten vor über 10000 Jahren aus Asien über die Beringstraße ein. Die Wikinger unter Leif Eriksson kamen um 1000 nach Christus bis ins heutige Massachusetts. Später waren es Venezianer wie Giovanni Caboto, Spanier wie Ponce de Léon oder Franzosen wie Jacques Cartier, welche die Küste zwischen Florida und der Mündung des St. Lorenz-Stroms erreichten. Um 1500 trat der Florentiner Entdecker Amerigo Vespucci der von Kolumbus vertretenen Ansicht entgegen, diese Gebiete seien Teile Asiens. Beistand bekam er – man höre und staune – von einem Deutschen. Der Kartograph Martin Waldseemüller aus Freiburg schuf nach Überlieferungen von Ptolemäus und Vespucci eine Karte, in der er die Neue Welt weder wie bisher als *Terra incognita* noch als Westindien bezeichnete, sondern, Amerigo Vespucci zu Ehren, als Amerika.
Dabei blieb es.
Die englischen Siedler, die 1607 Virginia gründeten, 1620 Massachusetts und 1623 New Hampshire, wurden durch die Industrialisierung, Überbevölkerung und Religionsverfolgungen zur Emigration

gezwungen. Wie die Pilgerväter, die auf der berühmten „Mayflower" nach Plymouth, Massachusetts segelten, konnten die meisten von ihnen besser beten als Felder bestellen. So waren die ersten Jahre eine reine Katastrophe, und mehr als einmal retteten Indianer die Siedler vor dem Hungertod. Was ihnen nicht gedankt wurde, denn schon bald kam es zu blutigen Fehden. Der Strom der Neuankömmlinge riss nicht ab. Nach den Engländern waren es Deutsche, vor allem Mennoniten aus der Pfalz und dem Rheinland, dann Schotten, und als in Irland die Kartoffelpest ausbrach, gingen weitere 2 Millionen Menschen nach Amerika. Immer wieder trug mich der Acela-Express an Orten vorbei, die mit „Pilgrim's Landing" oder „First Settlement" bezeichnet waren.

Einer dieser Orte war Old Saybrook, und lag an der Mündung des Connecticut River. Dahin war Adrian Block 1614 im Auftrag der Holländischen West-Indien-Gesellschaft gesegelt, um die Küstenlinie nördlich von New Amsterdam zu erkunden. Dabei stieß er auf den Fluss. Es gelang ihm, die mächtigen Sandbänke der Mündung zu überwinden, und stromaufwärts zu fahren. Das Land machte einen vielversprechenden Eindruck, und so kam es, dass sich auf Blocks Empfehlung um 1623 eine Gruppe holländischer Männer und Frauen ansiedelte. Was den Engländern gar nicht gefiel. Dem Earl of Warwick, Präsident der Ratsversammlung für Neu England, kam eine clevere Idee. Schnurstracks übertrug er elf seiner besten Freunde und Verwandten das Land, das ihm zwar nicht gehörte, aber groß genug war, Ansiedelungsgelüste der Beschenkten zu wecken. Ein paar Monate später entluden englische Siedler ein Schiff in der Nähe von Old Saybrook. Sie brachten nicht nur Hacken und Spaten für den Landbau mit, sondern auch Kanonen. Könnte ja sein, die

Holländer muckten auf, oder die Indianer, die eigentlichen Besitzer des Landes. Dann bauten sie ein Fort, und als das vollbracht war, fehlte nur noch ein ehrenvoller Name. Den fanden sie bei zwei Freunden des Earl, Viscount Seye and Sele und Lord Brooke, und tauften daher eines der ersten Städtchen der Neuen Welt Seye-Brook. Danach ging alles ganz flott. Die Siedler folgten der Empfehlung „seit fruchtbar und mehrt Euch", und schon bald entstanden weitere Ortschaften wie Old Lyme, Westbrook, Chester, Essex, Deep River und East Haddam.
Dort erblickte am 29. Dezember 1814 William Henry Goodspeed das Licht der Welt. Er war ein direkter Nachkomme von Roger Goodspeed, der zu den ersten Siedlern gehörte. Ohne es wahrscheinlich auch nur zu ahnen, verkörperte William alles, was einen echten Amerikaner ausmachen sollte: Er war ein guter Geschäftsmann, betrieb eine Bank und war Reeder auf dem Connecticut River. Doch seine heimliche Liebe gehörte der Kunst. Und weil die in East Haddam arg vernachlässigt wurde, baute Goodspeed ein Opernhaus am Ufer des Flusses, hübsch verschnörkelt im neo-barocken Stil. Das *Goodspeed Opera House* öffnete 1877 seine Pforten, gespielt wurde die Komödie Charles II. *„Goodspeed's Folly"* tauften die Leute von East Haddam die Oper, „Goodspeeds Verrücktheit". Nicht überliefert ist, ob Brian Sweeney Fitzcarraldo ein paar Tausend Kilometer weiter südlich im brasilianischen Dschungel von dieser Verrücktheit gehört hatte. Jedenfalls errichtete er kurze Zeit später ebenfalls eine Oper, die mit einer vielumjubelten „La Gioconda" von Amilcare Ponchielli debütierte.
Soweit kam es in East Haddam nie. Das *Goodspeed Opera House* ist das einzige Opernhaus der Welt, in der nie eine Oper gespielt wurde. Ganz amerikanisch, wandte man sich dem Musical zu

und zählt mittlerweile zum wichtigsten Geburts-
helfer des Broadway. Das kommt so: Bevor im Herzen von New York eine neue Produktion gewagt
wird, zieht die Compagnie nach East Haddam und
probiert die Sache vor dem Landvolk aus. Geht das
gut, traut man sich zurück in die Stadt, ins Haifisch-
becken der Kritiker und Klatschkolumnisten.
„Die Strategie funktioniert", erzählte mir Dan
McMahon. Er war Marketing-Direktor von Goodspeed,
und ich hatte ihn um eine *Backstage-Tour* gebeten.
„Wir sind das einzige Theater in den Staaten, das
gleich zwei Special Tony Awards gewinnen konnte."
Der Tony Award ist für die Musical-Branche, was der
Oskar für die Filmleute ist.
„Demnächst bringen wir die zwanzigste Produktion
an den Broadway. Die meisten sind äußerst erfolg-
reich. „Man of La Mancha" hat fünf Tonys kassiert,
„Annie" sogar sieben Auszeichnungen."
Aus Dan McMahon sprach echter Stolz. Konnte er
auch haben. Ansonsten ist Amerikas *countryside*
nicht gerade ein Hort der Kultur.
„Warum wurde nie eine Oper gespielt?", fragte ich.
Dan lächelte. „Ich zeig' dir den Grund", sagte er.
„Aber du musst den Kopf einziehen."
Wir kämpften uns durch ein Gestrüpp von Seilen,
Gewinden und anderer Bühnentechnik, dann lagen
die Bretter, die die Welt bedeuten, vor mir. Sie waren,
um es mit einem Wort zu sagen, winzig.
„Auf diesem Bierdeckel inszeniert ihr Musicals?" Ich
konnte es kaum glauben.
„In den Orchestergraben passen grade Mal acht Mu-
sikanten", sagte Dan. „Ein Musical kann man damit
aufziehen. Eine Oper nicht."
Wir gingen weiter. Auch die Proberäume, die Garde-
roben, die Werkstatt: Amerikanisches *think big* war
nicht bis ans Ufer des Connecticut Rivers gedrungen.

Trotzdem konnte man es mit allen Konkurrenzbühnen des Landes aufnehmen. Ich war gespannt, wie das gehen sollte.

Am Abend besuchte ich die Vorstellung „Pirates of Penzance" von Sir William S. Gilbert und Sir Arthur S. Sullivan. Im Kino läuft die Geschichte unter dem Titel „Pirates Of The Caribbean", und wie dort turnte ein Piratenkönig umher, der aussah wie Johnny Depp. Es war aber nicht Johnny Depp, sondern Andrew Varela, der außer spielen auch noch singen musste. Ich gebs zu, Musicals finden in mir nicht ihren größten Fan, aber ich hatte meinen Spaß. Rasant ging es zu auf der Bierdeckelbühne, und am Ende fuhr tatsächlich ein ausgewachsenes Piratenschiff ein. Ich hatte keine Ahnung, wie sie das hinkriegten. Normalerweise würde ich nach George Lucas und den Zauberlehrlingen von *Industrial, Light & Magic* Ausschau halten. Aber wir waren ja nicht in Hollywood, sondern auf der anderen Seite des Kontinents, im Theater, wo alles noch per Hand geschnitzt wird. Ich war beeindruckt.

Nach der Vorstellung trafen sich Künstler wie Gäste im Hotel Gelston, gleich neben der Oper. Dort labten wir uns an Austern und *Coconut Crusted Shrimps*, und waren uns darin einig, dass man es auf dem Land prima aushalten konnte. Vor allem, weil New York nicht allzuweit weg war.

Den Mann, der all diese Welten für sich einnahm, traf ich am nächsten Morgen. Ralph Crispino teilte sich seine Woche exakt ein: Von Montag bis Mittwoch arbeitete er in seiner Baufirma. Weil ähnlich wie Goodspeed sein Herz aber an der Förderung der Schönen Künste lag, hatte er die *I-Park-Foundation* ins Leben gerufen, eine Künstlerkolonie im Devils Hopyard State Park. Dort war er Donnerstags anzutreffen. Freitags bis Sonntags verbrachte er in New York, um die Batterien aufzuladen. Wir hatten uns in SoHo bei einer Vernissage kennen gelernt, und nun wollte er mir zeigen, was er in der Wildnis geschaffen hatte.

Alleine hätte ich nie hergefunden. Wie im Schwarzwald führten kleine Sträßchen bergauf, bergab, durch dichte Wälder mit wenig Besiedelung. Anders als zuhause gabs aber keine Verkehrsschilder, und so kam ich mir vor wie bei der Durchquerung eines Labyrinths. Irgendwann öffnete sich der Wald, ein See blinkte herüber, und nicht weit von seinen Ufern lag eine Ansammlung dieser typischen Neuenglandhäuser, die einem gleich ein vertrautes Gefühl vermitteln. Das war die Künstlerkolonie I-Park. Hier trafen sich Schriftsteller, Komponisten, Maler, Bildhauer aus aller Welt, und, darauf legte Ralph viel Wert, auch Landart-Künstler. Wer schon einmal eine Arbeit von Andy Goldsworthy gesehen hat, weiß, zu welchen fantastischen Gebilden solche Leute fähig sind, und I-Park hatte sich zum Zentrum für Landart in den USA entwickelt. Platz dafür war genug, rund 200 Hektar Wiese und Weide, Baum und Fels standen zur Verfügung. Dazwischen mäanderte stillvergnügt der Fluss *Eight-Mile-River*. Ich verliebte mich sofort in die Gegend. In der man sich prächtig verlaufen konnte, was der Grund war, weshalb mir Ralph für meine Erkundungstour einen Führer zur Seite gab. John war das, was der Schwarzwälder Volksschriftsteller Heinrich Hans Jakob einen „Originalmenschen" genannt hätte. Er kannte den Namen jedes Strauchs und die Geschichte jedes Grashalms, und weil er nicht gerade mundfaul war, kannte ich sie nach unserem Ausflug auch. Wir streiften durch die Wälder, und John erinnerte mich daran, dass vor 100 Jahren hier kaum ein Baum gestanden hatte.

„War alles Weideland", sagte er. „Ich zeig dir mal das älteste Farmhaus der Gegend. Das Haus der Willis."
Wir marschierten eine halbe Stunde querfeldein, was mir einen kleinen Einschub erlaubt: Das hier ist Stephen King-Land. Salem liegt um die Ecke, also der Ort, der den Meister des Horrors zum Roman „Brennen muss Salem" inspiriert hatte. Ob er von der Geschichte der Willis weiß, bezweifle ich. Sonst wäre der nächste King-Thriller garantiert.
Der Wald wurde dunkler, und auf einmal standen wir vor einem verfallenen Haus. Mit geübtem Auge konnte man noch die Grundmauern erkennen. Wer wie ich in der Fünfburgenstadt Schramberg aufgewachsen ist, wo auf jedem Hügel ein Kastell, eine Zitadelle oder eine Raubritterburg steht, kriegt so ein Auge mit in die Wiege gelegt. Von der Ruine weg zogen sich Steinmauern in alle Richtungen durch den Wald.
„Hier lebten die Willis", sagte John. „Vor dem Doppelmord."
Er führte mich zu einem Baum, der älter aussah wie die anderen.
„Dieser Baum", sagte er, „stand schon immer hier. Kannst du etwas erkennen?"
Ein Gesicht, wollte ich sagen, aber ich ließ es sein. Wer will sich schon blamieren? Doch im Baum war ein Gesicht, kein Zweifel, und es sah nicht nach guter Laune aus.
John war enttäuscht. „Siehst du kein Gesicht?", wollte er wissen, und ich bekam ein, „doch, jetzt, wo du's sagst" raus.
Ich spähte umher. Wir waren alleine im großen Wald, und irgendwie kam das Gefühl von Rotkäppchen und dem Wolf auf.
„Es ist", sagte John, „das Gesicht von Mama Willis."
Vor einhundert Jahren hatte Mama Willis mit ihren

Söhnen in größter Abgeschiedenheit gelebt. Der
nächste Nachbar war ein entfernter Verwandter zwei
Kilometer südlich über dem Hügel. Auch nach Westen hatte es ein paar Leute gegeben, in weit verstreu-
ten Anwesen. Nach Süden und Osten kam das Gebiet
des Devils Hopyard State Park, eine undurchdring-
liche Wildnis. In welcher der Teufel umging, wie
man wusste, und vielleicht hatte er in dieser mysteriösen Nacht einen Abstecher zu den Willis gemacht.
Jedenfalls fand man Mama Willis – über die keiner
viel wusste, weil sie aus unerklärlichen Gründen 30
Jahre lang das Haus nicht verlassen hatte – tot auf.
Tot lag auch ihr Sohn neben ihr, während man den
zweiten Sohn erst Tage später fand. Nach offiziellen
Angaben war er in einem Seitenarm des *Eight-Mile-
Rivers* ertrunken – an einer Stelle mit zehn Zentime-
tern Wasserhöhe. Es war der entfernte Verwandte
gewesen, der die Unglücklichen fand, und der An-
blick des Verbrechens brachte ihn um den Verstand.
„Keiner weiß, was wirklich geschah", sagte John.
„Aber Mama Willis Geist fuhr in den Baum. Von da
an war das Gesicht zu sehen."
Ich fand, dass auf einmal unangenehm kalt geworden war. Ein Bierchen in den gemütlichen Häusern
von I-Park wäre sicher keine schlechte Idee. Doch
John hatte andere Pläne.
„Willst du den Friedhof der Willis sehen?", fragte er.
Wollte ich eigentlich nicht. Aber ich ging mit, und
die Sache sollte sich lohnen. Nach strammen Fuß-
marsch erreichten wir eine Lichtung. Vor mir zog
sich ein sanfter Hügel talabwärts, darauf konnte ich
zwei Dutzend uralter Grabsteine erkennen. John
führte mich über den Friedhof. Auf jedem zweiten
Stein war der Name Willis eingemeißelt.
„Alle die hier liegen", sagte John, „sind um ein paar
Ecken miteinander verwandt."

„Ist denn die ganze Familie ausgestorben?", fragte ich.
John gab keine Antwort. Erst nach einiger Zeit sagte
er: „Weißt du, die Willis kamen mit der Mayflower.
Sie gehören zu den ersten Amerikanern."
Plötzlich ging mir ein Licht auf. „Bist du etwa …?",
fragte ich, und John nickte.
„Der Letzte", sagte er. Er ging einige Schritte bergab.
„Hier", fuhr er fort, „will ich begraben werden."
„Prima Platz", sagte ich, und empfand es auch so.
Schöne Aussicht, gute Luft, die Familie um sich –
was will man mehr?
Aber John schaute unglücklich drein. „Die Behörden
sind dagegen. Der Friedhof ist längst aufgelassen."
Auf dem Rückweg war er nicht mehr so gesprächig.
Er sagte nur noch: „Aber ich kämpfe darum. Auf
diesem Friedhof will ich begraben werden. Das ist
mein Lebensziel."

Amerika ist ein guter Ort, um über Leben und Tod,
Entstehung und Vergänglichkeit nachzudenken.
Europa ist auch ein guter Ort dafür, aber Amerikas
Vorteil besteht darin, seine Geschichte kompakt zu
haben. Mal ehrlich, wer weiß denn noch, wann bei
uns der Wiener Kongress war, Karl der Große König des fränkischen Reiches wurde, oder der Inves-
titurstreit statt fand? Fragen über Fragen, die uns
schon im Geschichtsunterricht Angstperlen auf die
Stirn trieben. Die amerikanische Geschichte dagegen ist kurz und knackig, zumindest gemessen
von der Besiedlung durch die Europäer. Im Westen
kaum älter als 200 Jahre, im Osten um die 400. Das
Ankommen, Ansiedeln, Kämpfen, Aufgeben, Wei-
terziehen oder das Siegen und Bleiben ist in wenigen Generationen erzählt. In Wyoming auf einen zu
treffen, dessen Großvater mit General Custer ritt, ist
keine Unmöglichkeit. Im Osten direkte Nachfahren

der Pilgerväter kennen zu lernen, auch nicht. Einige von denen zählen noch immer zu den WASPs, *White Anglo-Saxon Protestants* – so genannt wegen ihrer weißen Hautfarbe, ihrer englischen Abstammung und ihres protestantischen Glaubens. Sie stellen einen Teil der amerikanischen Elite. Wobei dieser Terminus nicht unbedingt ein Äquivalent zum IQ sein muss, dafür immer einer zur Macht.

Nachdem mich John heil zurückbrachte, nahm mich Ralph unter seine Fittiche. Mittlerweile dämmerte es, doch was er mir zeigen wollte, lag nicht weit von den Häusern entfernt. Vielleicht, weil in den USA Historie so kompakt ist, gehört Reflektion nicht zu den Stärken der Amerikaner. Der Schriftsteller Aleksandar Hermon führt in seinem Roman „The Lazarus Project" eine weitere gute Erklärung an: In einem Land, in welches ständig Einwanderer strömen, die nur ein „davor" und ein „danach" kennen, ist Zukunft wichtiger als Vergangenheit. Sich zu erinnern, ist nur ein Störfaktor. Ralph sah aber die Nachteile, welche die Unkenntnis der eigenen Geschichte mit sich bringt. Daher rief er ein Projekt ins Leben, welches einzigartig auf dem Kontinent sein sollte. Er nannte es „Thanatopolis", und es reflektierte die persönliche Geschichte eines Menschen. Im Grunde genommen war es eine Art Friedhof, auf dem man sich nicht nur seinen eigenen Platz auswählte, sondern sich dafür von einem Künstler ein Werk erstellen ließ.

„Eines, dass die eigene Lebensgeschichte wiederspiegelt", sagte Ralph. „Damit sie nicht vergessen wird."

Womit sich der Kreis von Entstehung und Vergänglichkeit schloss. Wir standen an einem dunklen Wasser, um uns rauschten die Wälder. Ein Land, wie geschaffen dafür, Erinnerungen zu fördern. Ralph und John standen dafür Pate, jeder auf seine Weise.

Ein paar Tage später saß ich wieder im Auto. Das tat gut, auch wenn die Highways des Ostens nicht das Fernweh des Westens vermitteln konnten. Ich wollte einen Abstecher nach Cap Cod machen, und die Halbinsel war eisenbahntechnisch gesehen Brachland. Was sein Gutes hat, denn sonst würden sich zur Hauptreisezeit noch mehr Touristen auf den Füßen stehen. Jetzt war keine Hauptreisezeit, und ich hatte die Halbinsel für mich. Zumindest kam dieser Eindruck auf – ich kenne kaum eine Landschaft, die so unterschiedliche Gesichter zeigen kann.

Cod bedeutet Kabeljau, womit verraten ist, was der häufigste Berufszweig war, bevor die Touristen einfielen. Auch größere Meereslebewesen wurden von hier und den Nachbarinseln Marthas Vineyard und Nantucket gejagt. Die Walfänger aus der Region waren geachtet, gefürchtet, und vor allem unersättlich. Sie jagten Pottwale, aus deren Speck Tran gefertigt wurde. Das im Kopf befindliche Walrat war begehrter Zusatz für die Ölherstellung. Außerdem waren Waschmittelhersteller hinter Ambra her wie der Teufel hinter der Seele. Ambra findet man in Därmen von Pottwalen. Es lässt Wäsche glänzen, und war so begehrt, dass Waschmittelhersteller im 19. Jahrhundert eigene Fangflotten finanzierten. Viele davon liefen von hier aus. Wie 1820 das Walfangschiff „Essex"– das erste, welches durch Rammstöße eines Pottwals versenkt wurde. Als dann ein Wal mit weißer Narbe einen Walfänger nahe der Insel Mocha vor der chilenischen Küste rammte, gab man dem kämpferischen Tier den Namen „Mocha Dick", was Hermann Neville zu seinem Roman „Moby Dick" inspirierte. Neville war ebenfalls von Cape Cod als Walfänger aufgebrochen, doch mit dem literarischen Erfolg konnte er die Harpune gegen eine Schreibfeder eintauschen.

Heute kommen die Leute des Lichtes wegen. Ganz im Norden der Halbinsel liegt das Städtchen Provincetown, berühmt für den magischen Glanz, welcher sich an manchen Tagen über die Landschaft legt. Auf der Fahrt von New York nach Old Saybrook hatte ich in einem Buch von Paul Theroux gestöbert, und war beim Kapitel „The True Size of Cape Cod" hängen geblieben. Theroux gehört zu den erfolgreichsten Reiseschriftstellern weltweit. Sein Markenzeichen ist seine konstant schlechte Laune, und obwohl das eigentlich nicht zu mir passt, habe ich seine Bücher trotzdem gerne gelesen. Irgendwie bringt ihn seine Gereiztheit dazu, genauer hinzusehen. Um danach, wie in „Die Säulen des Herkules", eine genaue Diagnose zu stellen: *„Any country which displays more than one statue of a living politician is a country which is headed for trouble."*

Diese Erfahrungen habe ich auch schon gemacht. In Ländern, die von Leuten beherrscht werden, die überall auf Statuen und Postern ausgestellt werden, dabei gerne als „Großer Führer", „Kamerad", „Kämpfer" oder „Guter Vater" gepriesen, muss man immer damit rechnen, dass es ungemütlich wird.

Theroux ist ein Nomade, ständig auf Achse, doch in Cape Cod fühlt er sich ganz zu Hause. Er hatte eine hübsche Definition für diesen unerklärlichen Begriff gefunden: *„If a place is home, most years it offers 365 faces".* Für mich hatte sie nur einen Haken: Ich entdecke überall auf der Welt diese 365 Gesichter. Dazu muss ich nur in aller Ruhe reisen, immer wieder ein paar Wochen oder Monate bleiben – dann stellt sich auch das Gefühl ein, darüber schreiben zu können.

All das ging mir durch den Kopf, während ich durch die Sträßchen von Provincetown schlenderte. Es gab jede Menge Galerien, Kunstschulen und renommierte *Artist Colonies* wie das Fine Arts Work Center. Hier war man stolz auf seine Maler, Schriftsteller und Musiker, die sich in diesem abgelegenen Zipfel angesiedelt hatten. Auch Lesben, Schwule und Drag Queens fühlten sich wohl – seit San Francisco hatte kein Ort mehr so viel Toleranz verströmt wie Provincetown. Allerdings bezahlte man dafür einen Preis: Auch die Kunst und die Freiheit lockten Touristen.

Auf der Suche nach etwas mehr Ruhe fuhr ich hinab nach Chatham. Dort hatten zahllose Meeresbuchten, Seen, Teiche, Kanäle und Flüsschen eine ganz eigene Welt geschaffen. Ich fand einen einsamen Sandstrand, setzte mich, schaute hinaus auf den Atlantik. Dieser Teil von Kap Kabeljau lag auf dem 42sten Grad nördlicher Breite. Könnte ich auf ihm spazieren wie über eine Brücke, käme ich nach Madrid, nach Neapel, nach Ankara. Zum ersten Mal seit Monaten befiel mich so etwas wie Heimweh nach Europa – vielleicht, weil man an kaum einem anderen Ort Amerikas dem alten Kontinent näher ist. Außerdem wusste ich, dass meine Reise zu Ende ging. Ich hatte noch ein Ziel, das war Boston. Dann würde ich in einen Flieger steigen, nach New York zurückkehren, um …

Ich erhob mich. Genug gegrübelt. Ein letzter Blick übers Wasser, den großen Teich, wie man den Atlantik zu Zeiten nannte, als Schiffe Mensch und Material in die Neue Welt brachten. Wie gerne hätte ich eine Überfahrt gemacht, was mir bisher stets verwehrt geblieben war. Vor einigen Jahren war es fast soweit gewesen: Ich hatte schon meine Kabine auf einem Containerschiff gebucht, der Rucksack war gepackt, die Kotztüten ebenfalls – ich wusste damals noch nicht, ob ich Seemannsbeine hatte. Da klingelte das Telefon, und die freundliche Frau der Schiffsagentur teilte mir mit, wie leid es ihr tue, aber die Route des Schiffs sei verlegt worden. Das ist nichts

Ungewöhnliches, eine Fahrt auf einem Containerschiff ähnelt immer einem Lotteriespiel. Dieses Mal
sollte mehr dahinter stecken. Wäre das Schiff ge-
fahren, hätte es am Morgen des 11. Septembers 2001
in New York angelegt.

Über Boston steht im schlauen Buch, es sei die eu-
ropäischste Stadt Amerikas. Das ist Unsinn, denn es
gibt keine europäischen Städte in Amerika. Die Vereinigten Staaten mit Europa zu vergleichen führt immer auf den Holzweg. Amerika ist von Europa so
verschieden wie Afrika von Europa oder Asien von
Europa oder Australien von Europa. Der Bund, die
altehrwürdige Prachtstraße von Shanghai, ruft mehr
Erinnerungen an London und Paris hervor als Bos-
tons Franklin Street. Trotzdem brachte mich eine Geschichte in die Hauptstadt von Massachusetts, die auf
dem Alten Kontinent begonnen hatte, und über Mos-
kau, Wien und Rom auf den Kennedy-Flughafen in
New York führte. Sie brachte alle Sehnsüchte von Immigranten und ihre Erwartungen an das Hoffnungs-
land Amerika zur Geltung. Verfasst hatte sie Maxim
D. Shrayer, der zwanzig Jahre lang in der Sowjetunion lebte, bis seine Familie auswandern durfte. Seine
Erlebnisse fasste er im Buch „Waiting for America – A
Story of Emigration" zusammen. Wie so vielen ging
es auch den Shrayers zunächst weniger ums „Wollen"
als ums „Müssen". Maxim's Vater hatte Kritik am Regime geäußert, danach brachte die jüdische Familie
keinen Fuß mehr auf den Boden. Zwei Möglichkeiten
kamen in Betracht: Entweder nach Israel, oder in die
USA. Nur war das alles gar nicht so einfach.
„Neun Jahre lang waren wir *othkazniks*", sagte Maxim. „Das bedeutet: Die, die abgelehnt werden. Denen man die Ausreise verweigert. Als *othkazniks* in
der Sowjetunion zu leben war die Hölle."

Wir saßen in seinem mit Büchern überfüllten Büro am Boston College. Maxim leitete dort die Abteilung für Slawische und Östliche Sprachen und hatte eine Professur für Russisch und Englisch.

„Als wir nach Amerika flogen", sagte er, „sprach ich ein paar Worte Englisch. Unser Besitz passte in fünf Koffer. Unsere Pässe waren ungültig. Wir waren wortlos, besitzlos, staatenlos."

Aber nicht kraftlos. Es kam, was Amerika in vielen Einwanderern weckt: Das Gefühl, es schaffen zu können.

„Ich hatte es vom Moment an", fuhr Maxim fort, „als der Offizier des Immigration and Naturalization Service INS, also der Einwanderungsbehörde, am Kennedy-Flughafen seinen Stempel auf das Visa setzte."

Er holte ein Dokument aus der Schublade. Es war säuberlich in Klarsichtfolie verpackt. Darauf war zu lesen:

„ADMITTED AS A REFUGEE PURSUANT TO SEC. 207 OF THE I&N ACT. IF YOU DEPART THE U.S., YOU WILL NEED PRIOR PERMISSION FROM INS TO RETURN. EMPLOYMENT AUTHORIZED."

Maxim deutete auf die letzten beiden Worte. „Um ehrlich zu sein, konnte ich es nicht lesen. Bis auf „Employment", Arbeit, und „authorized", berechtigt. Das hat genügt."

Erst diese beiden Zauberworte machen den *American Dream* möglich. Es geht nicht nur um Arbeit, sondern um die Möglichkeit, sich fortzubilden, eine Wohnung zu bekommen sowie die Sozialversicherungsnummer, das wichtigste amerikanische Dokument überhaupt. Nicht alle haben so viel *Massel* wie Maxim. Die Zahl illegaler Einwanderer ist schwer zu schätzen, doch sprechen seriöse Institute wie das Pew Hispanic Center von über 20 Millionen *Illegal Aliens*. Viele von ihnen arbeiten ebenfalls, nur ohne

den begehrten Stempel *Employment authorized*: Sie sind
die *crop pickers*, die wie Nomaden dem Erntezyklus
von Gemüse und Früchten folgend von den Südstaaten in den Norden und wieder zurück wandern. Ohne
sie wären die Supermärkte zwischen Ost- und Westküste leer. Die meisten sind Mexikaner. Trotz gewal-
tiger Grenzanlagen, welche die USA zwischen den
beiden Ländern errichteten, und die fatal an die Mauer erinnern, kommen sie in hellen Scharen. Auch in
anderen Jobs, die kein Amerikaner mehr machen will,
sind sie gerne gesehen: In Bergwerken, auf Baustellen,
in den vielen tausend Garküchen der Fastfood-Ketten
– zeig mir den Hamburger, der nicht von einem *Illegal
Alien* gebraten wurde, lautete kürzlich eine Schlagzeile im Cleveland Daily Banner.
„Den *American Dream* gibt es nur mit den richtigen
Papieren", sagte Maxim.
Dazu braucht es dann noch Willen, Disziplin und
Durchsetzungskraft. Sich in Amerika hochzuarbei-
ten, ist keine Fernsehshow à la „Mein Leben XXL".
Die Konkurrenz ist riesengroß, Ambitionen haben
alle, und eine gute Ausbildung häufig auch.
„Zwei Tage nach unserer Ankunft", erzählte Maxim,
„stand ich im Büro der Brown. Ich hatte gehört, die
sind gut. Da wollte ich hin."
Die Brown Universität in Providence auf Rho-
de Island gehört zu den besten Ausbildungsstätten
der USA. 1764 gegründet, ist sie ein Mitglied der *Ivy
League*, dem Zusammenschluss der Eliteuniversi-
täten im Nordosten.
„Yale, Harvard, Princeton, Columbia, Dartmouth,
Cornell, Pennsylvania gehören dazu", zählte Maxim
auf. „Und natürlich Brown. Bei denen konnte ich
noch am selben Tag einsteigen."
Seinen Doktor machte er in Yale, und keine neun Jahre nach seiner Ankunft in Amerika unterrichtete er

bereits am renommierten Boston College. Im zarten Alter von 36 Jahren wurde er Professor, und gründete die Abteilung für Jüdische Studien.

„War nicht einfach. Wir haben 9000 Studenten am College, die sind fast alle katholisch. Nur 2 Prozent sind Juden."

Doch erfolgreiche Einwanderer überwinden alle Hindernisse. Die Neuamerikaner gehen ihren Weg, *against all odds*, gegen jeden Widerstand.

„Sagte nicht Albert Einstein, eine Idee ist nur dann gut, wenn die anderen behaupten, der spinnt?", sagte Maxim. „Der spinnt, habe ich oft gehört. Interessiert hat es mich nie."

„Was motiviert dich?", wollte ich wissen. „Außer dem Willen, es zu schaffen."

„Der Gedanke, es schaffen zu können", antwortete Maxim. „Vladimir Nabokov ist mein Vorbild."

Die Familie des russischen Schriftstellers floh nach der Oktoberrevolution aus Russland über Jalta nach London. Später lebte sie in Berlin, Grunewald und Wilmersdorf. Als die Nazis die Macht übernahmen, folgte das zweite Exil in Frankreich, bald darauf das dritte in den USA. Dort arbeitete Nabokov zunächst als Schmetterlingsexperte für das *American Museum of Natural History* in New York. Dann rief die Stanford Universität, später Harvard und Cornell. 1955 schrieb er „Lolita", den Roman, der ihn weltberühmt machen sollte. In den 60ern zog er in die Schweiz, wo er häufig Gast im Sommerhaus seines deutschen Verlegers Heinrich Maria Ledig-Rowohlt war, im Château de Lavigny. Dort hatte ich während eines einmonatigen Aufenthalts Briefe von Nabokov an Rowohlt gelesen, die das harte Los des Emigranten widerspiegelten, aber auch den eisernen Willen, das Beste daraus zu machen. Dass Maxim ihn zum Vorbild gewählt hatte, passte ins Bild. Nur hatte er keinen Skandalroman veröffentlicht, dafür eine Anthologie mit Nabokovs Geschichten, „The World of Nabokov's Stories".

„Ich dachte mir, Teufel noch mal, ich schreibe jetzt auch in Englisch", sagte Maxim. „Schließlich hatte ich mein Vorbild im Kopf. Nabokov wurde amerikanischer Schriftsteller, nachdem er schon russischer gewesen war."

Ob Literatur oder Bodybuilding: Vorbilder geben Migranten wertvolle Hilfestellungen.

„Bei mir waren es wohl die Muskeln", sagte Arnold Schwarzenegger im Interview mit einer Zeitschrift, die sich genau darauf spezialisiert hatte: Muscle & Fitness. „Von klein auf hatte ich eine Menge Energie und wollte Spaß haben. Aber ich spürte, dass ich am falschen Ort geboren worden war. Ich hätte in Amerika aufwachsen sollen. Bodybuilding war amerikanisch. Also dachte ich, das ist dein Ticket dorthin."

Für die Zurückgelassenen in *Old Europe* blieb er ein tumber Muskelprotz. Die wenigsten ahnten, wie wohlüberlegt eine der erfolgreichsten American-Dream-Karrieren unserer Zeit gebaut wurde.

„Ich bin immer hungrig, interessiert an neuen Ideen, ein Schwamm, der jede Information aufsaugt", sagte Schwarzenegger. Und sorgte dafür, dass dieser Appetit gestillt wurde: Mit einem Psychologiestudium an der kalifornischen Universität UCLA, und einem in Betriebswirtschaft an der Universität von Wisconsin, wo er auch seinen Abschluss machte. Danach stieg er ins Immobiliengeschäft ein, in Los Angeles, San Francisco und Denver. Neben der Schauspielerei betrieb er das Restaurant „Schatzi on Main" in Santa Monica und hob die Fastfood-Kette „Planet Hollywood" mit aus der Taufe.

„Als Emigrant brauchst du Dreierlei", sagte er. „Die Bereitschaft, hart zu arbeiten. Selbstvertrauen. Und positives Denken. Mein Lieblingssatz ist

zwar „ich komme wieder", aber mein Leitfaden
„schau nicht zurück."

Ich komme wieder – *I'll be back* – wurde zum Markenzeichen aller Schwarzenegger Filme. Ob zu Beginn seiner Karriere in „Running Man" oder später
in Blockbustern wie „Die totale Erinnerung", „Zwil-
linge", „Kindergarten-Cop" oder „Terminator": Einmal taucht der Spruch immer auf. *I'll be back* und
„schau nicht zurück" scheinen gute Empfehlungen
an alle Einwanderer zu sein, die ihr altes Leben ab-
legen, um ein neues zu beginnen. Vorausgesetzt, es
klappt mit den Papieren.

Vorausgesetzt, sie erhalten ihr *Employment authorized.*

Maxim und ich fuhren hinab nach Downtown, und
hinauf auf den Prudential Tower. Der war einmal
das höchste Haus in Boston gewesen, wurde aber
mittlerweile vom John Hancock Tower um ein paar
Stockwerke überflügelt. Uns war das egal. Oben befand sich das Restaurant „Top of the Hub", welches
einen fantastischen Blick über die Stadt bot. Bei diesem Ausblick fiel es mir schwer, mich auf meine *Spi-
cy Lobster Soup* zu konzentrieren.

„Warst du mal wieder in Russland?", fragte ich zwischen zwei Löffeln.

Maxim schüttelte den Kopf. Er sagte nicht, was soll ich
dort, doch irgendwie konnte ich es auch so hören.

Wir blickten aus dem Fenster hinab auf die Stadt,
und der Stolz blickte zu uns herauf. In Boston ist man
nicht gerade bescheiden, und das liegt an einer Menge *firsts*: Bostoner waren die ersten, die sich mit dem
Mutterland anlegten. Bostoner gründeten als erste
eine Universität, nämlich Harvard. Und sie bauten
die erste U-Bahn auf dem Kontinent. Auch heute behaupten sie, immer einen Tick schneller zu sein als
ihre Nachbarn. Dabei profitieren sie von einer der

niedrigsten Verbrechensrate im Land, immer ein gutes Argument für eine amerikanische Stadt. Außerdem von führenden Instituten in Zukunftstechnologien wie Medizin, Biologie und Elektronik. Und natürlich von den besten Universitäten im Land, wie Harvard, Cambridge College, und Boston College. Daneben gibt es weitere 80 Universitäten, Kunstakademien, Musik- und Sporthochschulen – darunter sogar eine Uni nur für Zahnärzte, Tufts University School of Dental Medicine. Die wird mich sicher nie von innen sehen, dafür die vielen Kneipen, Theater und Konzertsäle. Und wem das alles nicht genügt, der geht zu den Boston Red Sox, die im Baseball sind, was Real Madrid im Fußball ist.

„Dafür haben wir satte Lebenshaltungskosten", sagte Maxim. „Die sind nirgends höher." Sprach's, schnappte sich die Rechnung, warf einen Blick darauf, zückte die Kreditkarte und lehnte sich zufrieden zurück.

„Soooo", sagte er, „du hast also den Kontinent durchquert."

Ich wartete, ob noch was kam, denn bei Professoren weiß man nie. Aber es kam nichts.

Also antwortete ich, „stimmt, hab' ich."

„Und?", fragte er. „Gibts neue Erkenntnisse?"

Ich lachte. „A man went looking for America and couldn't find it anywhere."

Maxim beugte sich nach vorne. „Schon mal darüber nachgedacht", sagte er mit Nachdruck, „dass es so etwas wie Amerika gar nicht gibt?"

Ich nickte. „Gerade damit angefangen." Das war ein wenig geschwindelt. Diesen Gedanke trug ich schon längere Zeit mit mir herum. Eigentlich seit ich losgefahren war. Meile für Meile wurde mir klarer, dass Amerika ein Konglomerat aus Regionen, Ländern und Kulturen ist, aber kein *Melting Pot,* und schon gar keine Hybridnation. Amerika ist wie Europa ein kunterbuntes Sammelsurium unterschiedlicher Staaten, von der politischen Klammer oft nur mühsam zusammengehalten. Und das ist auch der einzige Vergleich zwischen Alter und Neuer Welt, den wir ziehen sollten.

Kirschtortengeheimnisse

Maxim hatte mich zum Flughafen gebracht, zwei Stunden später landete ich in New York. Ich spürte, wie Panik aufstieg. In zwei Tagen war meine Reise zu Ende, und ich hatte ein Gefühl …

… ein Gefühl von …

… ich wusste nicht, was für ein Gefühl ich hatte. Ich wusste nur, dass ich auf keinen Fall allein sein wollte. Wenn man sich in New York einsam fühlt, während 20 Millionen Menschen um einem herumwuseln, braucht man die richtige Telefonnummer. Die hatte ich, und rief Richard Festinger an.

New York ist die Stadt, die niemals schläft, das weiß jeder. Es ist auch die Stadt mit 2200 Restaurants, davon 172, die rund um die Uhr offen sind. Das weiß vielleicht nicht jeder. Ich wusste es jedenfalls nicht, aber auf Richard war Verlass, wenn es ums Essen und Trinken ging. Ging es um Musik, ebenso. Mit dieser Kombination kommt man ganz gut durch die Stadt.

Wir hatten uns vor Jahren in Frankreich kennen gelernt, wie es sich gehört in einem Restaurant. Vielleicht wars der Wein gewesen – in Frankreich ist es ja immer der Wein – doch es entspann sich eine lebhafte Unterhaltung über zwei Tische hinweg. Irgendwann saßen wir zusammen beim *Eau de Vie*. Als Richard hörte, wo ich herkam, sagte er: „Da kann man doch auch gut essen."

„Ja", bestätigte ich, das Übliche erwartend, „*Cherry cake*, echt lecker."

Aber mit Richard war es anders. Mit „gut essen" meinte er auch gut essen. So kams, dass wir ein halbes Jahr später zu Dritt durch den Schwarzwald kutschierten: Er, meine Frau und ich. Unsere

Fresstour führte uns vom Hinterholz (Geheimtipp!) übers Burgstüble auf der Hohenschramberg (Geheimtipp!) und dem Bareiss in Baiersbronn (kein Geheimtipp, dafür zwei Michelin-Sterne) bis zur Traube Tonbach (erst Recht kein Geheimtipp und drei Michelin-Sterne). Danach waren wir 10 Pfund schwerer, und um die Ersparnisse einiger Jahre erleichtert, aber glücklich und zufrieden. Es war der Beginn einer wunderbaren Freundschaft, die wir mal hier, mal dort auf der Welt fortsetzten.

Und heute in einer von New Yorks 535 Sushi-Bars. Mit meinem Konbu-Seetang kämpfend, stellte ich die Frage, die ich schon immer hatte stellen wollen. Ich fragte Richard, wie es früher gewesen war.

Mit früher meinte ich Woodstock. Richard hatte daran teilgenommen. Nicht unten im Schlamm, sondern oben auf der Bühne. Neben Joan Baez, als ihr *Lead Guitarist*.

„Oh, oh, die alten Zeiten", kam die Antwort. „Weißt du, die sind vorbei."

Aber ich ließ nicht locker, während meine Essstäbchen aus Seetang Seetangpüree machten. Der Grund ist einfach: Es hat mich immer beeindruckt, wie es einer Generation gelang, in so vielen Bereichen neue Wege zu beschreiten. In der Musik – was bei Woodstock geschah, beeinflusste die Jugend der Welt noch lange danach. In der Literatur – was Timothy Leary schrieb, trieb die Leute auf die Straße, um gegen einen ungerechten Krieg zu demonstrieren, und das auch noch mit Erfolg. Vielleicht suchte ich einfach nach Beispielen, die den bösen aber wahren Satz von W.H. Auden entschärften: „Nothing I wrote in the thirties", sagte der Dichter, „saved one Jew from Auschwitz."

Jetzt, nach dem Abgang von George W. Bush, stapelten sich in den Buchhandlungen Amerikas

Werke, die ihn und seine Regierung an den Pranger stellten. Die schon im Titel ihre Absicht zu Markte trugen: „The Prosecution of George W. Bush for Murder" von Vincent Bugliosi schaffte es in Windeseile auf die Bestsellerliste der New York Times, genauso wie „United States versus George W. Bush" von Elizabeth de la Vega oder „American Fascists: The Christian Right and the War on America" von Chris Hedges. Doch während seiner Zeit als Präsident war nichts passiert. Kein *impeachment*, keine Amtsenthebung, der sich Nixon nur durch Rücktritt hatte entziehen können.

„In den 60ern und 70ern", sagte Richard, „lagen die Dinge anders. Der Protest hatte persönliche Konsequenzen, doch damals haben den wenige gescheut. Es wurden ja nicht nur Leute wie Norman Mailer aus dem Verkehr gezogen. Vielleicht haben wir deshalb was erreicht. Doch eine Erkenntnis kam erst später: Du änderst immer nur die Umstände, nie die Gesellschaft. Und so verschwand nach Watergate die politische Linke wieder von der Bildfläche, während die Mitte nach rechts driftete. Darauf konnte Reagan bauen, darauf baute Bush Senior, und sein Junior halt auch."
Richard teilte mir seine Erfahrungen häppchenweise mit. Nach der Sushi-Orgie zogen wir nach SoHo, und in einer Kneipe mit dem harmlosen Namen „Fanny's Place" sagte er: „Jetzt, wo keiner mehr die Hand über sie hält, landen einige von Bushs Beratern wahrscheinlich vor Gericht. Karl Rove, der ehemalige Stabschef. Oder Alberto Gonzales, der ehemalige Generalstaatsanwalt." Beide hatten noch während der Amtszeit von Bush den Hut nehmen müssen. Rove nannte die Zeitung „Die Welt" „die personifizierte Skrupellosigkeit." Über Gonzales urteilte der

englische „Guardian", „seine Amtsführung war für Amerika eine einzige Tragödie."

Ich hörte zu, während ein nicht mehr ganz junges Geschöpf, das Franz ähnlicher sah als Fanny, Liza-Minelli-Songs in einer Falsettstimme intonierte.

Vielleicht behielt Richard Recht. Dana Priest, die 2002 in der Washington Post die CIA-Folterungen in Guantanoma Bay aufdeckte, verlangte dieser Tage einen „Nürnberger Prozess" für die gesamte Bush-Cheney Regierung. So etwas hat es in der Geschichte der Vereinigten Staaten noch nie gegeben.

„Wenn das passiert", sagte Richard an der Bar des „Brass Monkey" in die Lower East Side, „haben wir doch mehr geändert als nur die Umstände."

Auf der Bühne rotzte eine Band Punkrock, als ob's kein Morgen gäbe. Und so musste ich zweimal nachfragen, bis ich den Rest des Satzes verstand.

„Dann besteht auch Hoffnung", sagte er, „dass der Irak-Krieg endet."

Darauf stießen wir an. Richard mit einem „Velvet Hammer", Wodka satt mit Crème de Cacao. Und ich mit „The Lolita", Raspberry Wodka, Triple Sec, Cranberry Juice und einer Kirsche darauf.

„Wir haben noch immer starke Selbstreinigungskräfte", sagte er. „Die brauchen ihre Anlaufzeit, so will es das Präsidialsystem. Aber sie sind wach."

Dadurch wurde Amerika auch immer wieder zum Land, dass sich neu erfinden kann. Richard selbst gab ein gutes Beispiel dafür ab.

„Joan", sagte Richard, „singt heute noch die alten Lieder. Kann man machen. Muss man aber nicht."

Er war den amerikanischeren Weg gegangen und hatte sich neu erfunden: Vom Rockrebell zum angesagtesten Komponisten für Neue Musik.

„Schaffst du das", fuhr Richard fort, „sagen andere: Wenn der Festinger das kann, kann ich das auch."

Dann passiert Wandel. Er ist der eigentliche Motor Amerikas. Mir gefällt das, denn Wandel lag mir schon immer näher als Stillstand.

Am nächsten Nachmittag spuckte mich ein gelbes Taxi am JFK-Flughafen aus. Um mich tobten ein Haufen Leute, die irgendwo hinwollten, oder von irgendwo herkamen. Wie viele Geschichten, wie viele Hoffnungen, wie viele Maxim's, wie viele *Employment authorized* und wie viele Träume, die zerbrachen? Mir wurde ganz schwummrig. Dann dachte ich, wie ich meine Reise in Los Angeles begonnen hatte, was alles passiert war, und da wurde mir noch schwummriger. Dabei war ich noch nicht einmal im Flughafengebäude. So konnte es nicht weitergehen. Ich schob alles weg, und gedachte statt dessen John Travoltas Kindheitserinnerungen.

Das ist immer eine gute Idee.

Die stammen von hier, vom JFK-Flughafen, genauer gesagt, vom TWA-Terminal. Das gibts zwar nicht mehr nach dem Bankrott von Amerikas Vorzeigefluglinie im Jahr 1995. Aber Johns Andenken an die silbernen Vögel, denen er mit Sehnsucht im Herzen nachschaute, hatte die Pleite nicht wegwischen können. Ein Erlebnis, welches ihn zum Fliegen brachte. Kaum aus den Windeln, erwarb er eine Fluglizenz, baute sich ein Haus mit eigener Landebahn, stellte eine Boeing 707 und eine 747 davor, dazwischen einen Gulfstream II Jet, und nannte das Ganze *Fly-in-Home*. Von hier aus pflegt der Herr morgens zu Dreharbeiten zu starten, um abends wieder pünktlich zur Tagesschau daheim zu sein. Es geht eben nichts über einen Hang zur Häuslichkeit.

Meine erste Kindheitserinnerung hebt nicht so hoch ab. Aber ich erinnere mich an meinen Kinderwagen. Das war ein Teil mit großen Rädern dran. Ich lehnte mich hinaus und sah fasziniert zu, wie diese sich bewegten. So kanns weitergehen, dachte ich, mit Chauffeur und jeden Augenblick woanders. Bin ich deshalb zum Nomaden geworden? Wenns auch nie wieder zu einem Fahrer gereicht hat, wie es mir Sir David Lean vormachte, der Regisseur von Filmklassikern wie „Doktor Schiwago", „Lawrence von Arabien" oder die „Brücke am Kwai"? Der legte seine Weltreisen standesgemäß im Rolls Royce zurück, bequem auf dem Beifahrersitz. Vielleicht bei der nächsten Amerikadurchquerung, dachte ich, aber dann in die andere Richtung, hinunter nach Feuerland.

Doch erst einmal gings nach Hause, und das in der Holzklasse. Ich gab mein Gepäck auf, ließ mich von einer Handvoll Sicherheitsschnullis von oben bis unten filzen, während gleich neben uns ein flinker Inder unbemerkt durch die Absperrung flitzte. Danach hatte ich zwar Zeit, aber keine Lust auf den letzten Hot Dog und die immergleichen Shops mit den immergleichen Sachen drin. Statt dessen studierte ich die Abflugtafel: Peking war im Angebot, Athen, Casablanca, Paris, Mexico City, Seoul, Tokio. Und das alles in der nächsten halben Stunde. Mir wurde schon wieder schwummrig.

Also ging ich doch zur Würstchenbude.

„A Hot Dog please", sagte ich.

Der Verkäufer schaute auf. Seine Vorfahren kamen wahrscheinlich aus der Ukraine, den schottischen Highlands oder Kalkutta. Vielleicht hatte er diese Orte noch gesehen, bevor ihn Amerika mit offenen Armen empfing, natürlich mit einem *employment authorized*, denn sonst gibt es keine Arbeit am Flughafen. Jetzt sagte er im breitesten Amerikanisch, dass ich einen komischen Akzent hätte.

„Where you come from?", wollte er wissen.

Die Ansage gab bekannt, dass mein Flieger einsteigebereit sei. Gebrechliche, Kinder, und die Pinkel der Businessklasse durften als Erste rein.

„Schwarzwald", antwortete ich. *„Black Forest."*

„Oh", sagte er, „Black Forest …", und ich sagte, „genau, *Cherry Cake*, und jetzt verrate ich dir ein Geheimnis. Das weiß sonst keiner in Amerika: Die Schwarzwälder Kirschtorte stammt nicht aus dem Schwarzwald. Ja, da staunst du. Konditormeister Josef Keller aus Radolfzell hat sie zwar als Erster zubereitet, im Jahre des Herrn 1927, aber weit weg vom Schwarzen Walde in Bad Godesberg bei Bonn. Und? Was jetzt?"

Ich biss in meinen Hot Dog. Der Verkäufer sah mich mit großen Augen an, und die Ansage gab kund, dass nun auch das Fußvolk an Bord gebeten wurden.

Dann grinste er. *„Cherry Cake"*, sagte er. „Hör ich heut' zum ersten Mal. So was kann man essen?"

Wahrscheinlich stand mir der Mund offen, was mit Hot Dog drin kein gutes Bild macht. Dann fiel mir ein Stein vom Herzen. Endlich war das letzte Vorurteil über Amerika und die Amerikaner ausgeräumt. Es gab noch Leute, denen der *Black Forest* mit seinen süßen Torten völlig unbekannt waren. Nun konnte ich getrost nach Hause fliegen.

„And you?", fragte ich noch. „Where do you come from?"

„Brooklyn", antwortete er, doch sein Großvater stamme aus den Anden; Peru oder Bolivien, das wisse er nicht so genau.

Ich lobte ihn für seinen Hot Dog, nicht für sein Geschichtsbewusstsein. Dann verabschiedete ich mich.

Im Flieger begrüßte mich eine Flugbegleiterin mit „Grüß Gott", und ließ mich wissen, dass mein Platz „do vorne isch."

Zwanzig Minuten später hoben wir ab. Ich schlief ein.

Frankfurt, dann Stuttgart, dann Schramberg im Schwarzwald. Hier hatte Arthur Junghans 1890 den Wecker erfunden, und damit der Menschheit die Möglichkeit gegeben, sich selbst zu versklaven. Jetzt hatte ich das Gefühl, die Zeit war seit meiner Abreise stehen geblieben. Ich sah tannenbewachsene Berge mit Burgen darauf, ich sah das freundliche Städtchen im tiefen Tal, ich wusste, dass ich in jeder Konditorei Schwarzwälder Kirschtorte bis zum Abwinken bekam.

Es fühlte sich nach Heimat an.

Irgendwie.

Die Macht des Wandels

Als ich im Mai meine Reise begann, lag Barack Obama in allen Umfragen weit vor seinem Rivalen John McCain. Am Tag meines Geburtstages, am 26. Juni, ich war gerade unterwegs Richtung Las Vegas, verzeichnete der Republikaner ein historisches Tief: Nur noch 41 Prozent wollten ihn im Weißen Haus sehen. Je weiter mich aber meine Fahrt Richtung Osten trug, desto mehr änderten sich die Umfrageergebnisse. Und ganz so, wie der Reiseschriftsteller Richard Grant feststellte, „dass auf jeder langen Reise der Punkt kommt, an dem es einem so dreckig geht, dass man nichts mehr will, nicht mal mehr nach Hause", erging es mir in Washington – am Tag, als McCain Obama in der Wählergunst überflügelte. Sein Schachzug war Sarah Palin gewesen, die erzkonservative Gouverneurin aus Alaska. Die Strategie schien aufzugehen, denn in den folgenden Wochen baute McCain seinen Vorsprung aus. Was ihm dabei half, war die diffuse Furcht vieler Wähler vor der Veränderung. Am Tag nach dem historischen Sieg von Obama brachte die New York Times die größte Angst der Wähler nochmals in ihrer Schlagzeile auf den Punkt: „Obama Elected President as Racial Barrier Falls". Mein Freund Richard hatte es so ausgedrückt: „Die große Frage wird sein – wie rassistisch sind wir noch?"

Am Wahltag gab Amerika die richtige Antwort. Schon Anfang Oktober hatte sich die Wandelfähigkeit des Landes angedeutet: Die Wähler wandten sich von den rückständigen Argumenten des republikanischen Lagers ab und schickten Palin „back to the frozen tundras of Alaska". Kurze Zeit später überholte Obama McCain in den Umfragen, und

knackte bald darauf sogar die 50-Prozent-Hürde.
Hillary Clinton, lange Zeit seine größte Rivalin im
Kampf ums Weiße Haus, prophezeite: „We'll get the
big one." Sie sollte Recht behalten.

In der Nacht vom 4. auf 5. November klebte ich wie
Millionen Menschen rund um den Globus vor dem
Fernseher. Vor Nervosität schickte ich Hunderte
Emails an meine amerikanischen Freunde:

*Dear friends, I wish you all the best for this important day.
The world is watching and hoping that the American people do the right thing. Good luck, and let's keep our fingers
crossed.*

Die ganze Nacht über bekam ich Hunderte Emails
zurück. Die von Stunde zu Stunde euphorischer
wurden. Am Morgen war klar: „Das Abenteuer Alltag in Amerika" konnte weitergehen, doch anders
als bisher. Ohne einen Präsidenten, der von sich behauptete, er habe seine Anweisungen direkt von
Gott erhalten. Der die Staatsschulden auf unglaub-
liche 10,3 Billionen US-Dollar anhob. Der die Hälfte
der Mitbürger in die Arbeitslosigkeit trieb. Der die
Zahl der Menschen ohne Krankenversicherung auf
den historischen Rekord von 47 Millionen brachte.
Der den Verteidigungshaushalt auf 613 Milliarden
Dollar verdoppelte. Der für Kriegskosten von über
2 Billionen Dollar verantwortlich ist, und für namen-
loses Leid in aller Welt. Der auf der Positivseite nur
den Beifall der Reichen verbuchen konnte: In der Ära
Bush kamen in Amerika drei Millionen neue Dollar-
Millionäre dazu.

Nun muss Obama den Scherbenhaufen zusammen-
kehren, eine gigantische Aufgabe. Kein Wunder,
dass er noch in der Siegesnacht im Grant Park von
Chicago warnte, das könne dauern.

„Ein Jahr wird nicht reichen", sagte er. „Zwei Jahre
auch nicht, vielleicht nicht einmal eine Amtszeit."

Doch der Wandel kommt. Was mir die Gelegenheit geben wird, erneut durch Amerika zu reisen. Um einmal mehr ein anderes, neues Land zu entdecken. Von mir aus kanns gleich losgehen.

USA mit Reisestrecke

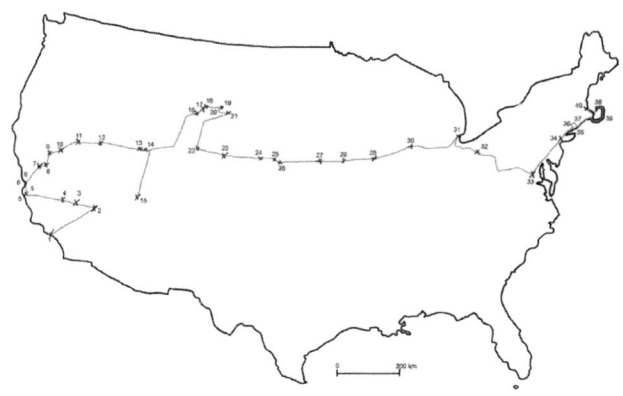

1. Los Angeles
2. Las Vegas
3. Death Valley
4. Sequoia National
   Park & King´s Canyon
5. Big Sur, Carmel,
   Monterey
6. San Francisco
7. Sacramento
8. Rubicon Fluss
9. Donnerpass
10. Reno
11. Winnemucca
12. Elko
13. Großer Salzsee
14. Salt Lake City
15. Bryce Canyon
16. Buffalo
17. Ucross
18. Ulm
19. Mateo Tepee
20. Moorcroft
21. Sundance
22. Rawlins
23. Cheyenne
24. Ogalalla
25. North Platte
26. Gothenburg
27. Omaha
28. Des Moines
29. Quad Cities
30. Chicago
31. Detroit
32. Youngstown
33. Washington
34. New York
35. Old Saybrook
36. East Haddam
37. I-Park Artist Colony
38. Provincetown
39. Chatham
40. Boston